#2주+2주
#쉽게
#빠르게
#재미있게

한자 전략
완성

한자 전략 시리즈 구성 1단계~6단계

8급
1단계 A, B

7급II
2단계 A, B

7급
3단계 A, B

6급II
4단계 A, B

6급
5단계 A, B

5급II
6단계 A, B

심화 학습

심화 한자로 익히는
교과 학습 한자어

급수별 배정 한자 수록
한자 쓰기장

실제 시험 대비
모의 평가

쉽게, 빠르게, 재미있게!

부모님과 함께하는 한자 전략

한자의 모양·음(소리)·뜻을 빠짐없이 완벽 습득

 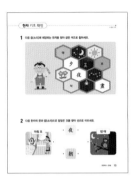 

- 한 번에 한자를 떠올릴 수 있게 도와줄 그림과 빈칸 채우기 활동으로 한자를 기억할 수 있도록 지도해 주세요.

- 다양한 문제를 풀며 반복 학습을 할 수 있게 해 주세요.

뜻부터 활용까지 알찬 한자어 학습

- 한자어와 관련된 그림을 보며 한자어의 의미를 떠올리도록 지도해 주세요.

- 한자어가 활용된 문장을 함께 읽으며 생활 속 어휘 실력을 키워 주세요.

기출 유형부터 창의력 UP 신유형 문제까지!

- 다양한 급수 시험 유형 문제를 통해 효율적으로 시험을 대비할 수 있도록 지도해 주세요.

- 만화, 창의·융합·코딩, 신유형·신경향·서술형 문제를 풀며 재미있게 공부하도록 이끌어 주세요.

Chunjae
Makes
Chunjae

▼

[한자 전략]

편집개발	조유경, 한수정, 김서진
디자인총괄	김희정
표지디자인	윤순미, 김주은
내지디자인	박희춘, 유보경
삽화	이경희, 신은영, 이영동, 정윤슬, 장현아
제작	황성진, 조규영

발행일	2023년 3월 1일 초판 2023년 3월 1일 1쇄
발행인	(주)천재교육
주소	서울시 금천구 가산로9길 54
신고번호	제2001-000018호
고객센터	1577-0902

한자 전략

5단계 A 6급 ①

전편

이 책의 **구성과 특징** — 2주 + 2주 완성 —

주 도입 만화

재미있는 만화를 보면서 한 주에 학습할 한자를
미리 만나 볼 수 있습니다.

급수 한자 돌파 전략 ❶, ❷

급수 한자 돌파 전략 ❶에서는 주제별로 뽑은
급수 한자의 모양·음(소리)·뜻을 학습합니다.

급수 한자 돌파 전략 ❷에서는 문제를 풀며
학습 내용을 확인합니다.

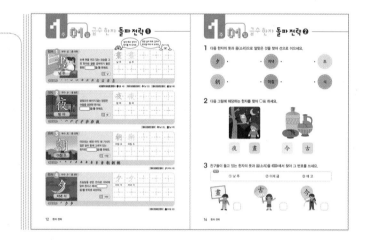

급수 한자어 대표 전략 ❶, ❷

급수 한자어 대표 전략 ❶에서는 1, 2일차에서
학습한 한자가 포함된 대표 한자어를 학습합니다.

급수 한자어 대표 전략 ❷에서는 문제를 풀며
한자어의 뜻과 활용을 복습합니다.

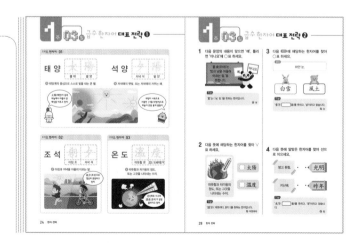

급수 시험 체크 전략 ❶, ❷

급수 시험 체크 전략 ❶은 시험에 꼭 나오는 유형을 모아 학습합니다.

급수 시험 체크 전략 ❷에서는 실전 문제를 풀어 보며 시험을 대비합니다.

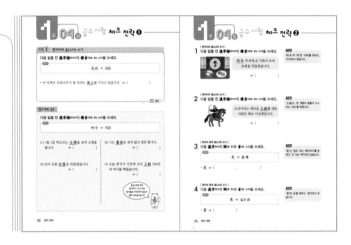

주 마무리

누구나 만점 전략
누구나 풀 수 있는 쉬운 문제를 풀며 학습 자신감을 높일 수 있습니다.

창의·융합·코딩 전략 ❶, ❷
융·복합적 사고력을 길러 주는 재미있는 문제를 만날 수 있습니다.

권 마무리

전·후편 마무리 전략
만화를 보며 학습을 재미있게 마무리할 수 있게 하였습니다.

신유형·신경향·서술형 전략
문제 해결력을 기를 수 있는 새로운 문제들을 단계별로 제시하였습니다.

적중 예상 전략 1~2회
총 2회로 실제 급수 시험을 준비할 수 있도록 구성하였습니다.

교과 학습 한자어 전략
교과 학습 시 자주 만나는 한자어와 5급 심화 한자를 함께 학습할 수 있도록 구성하였습니다.

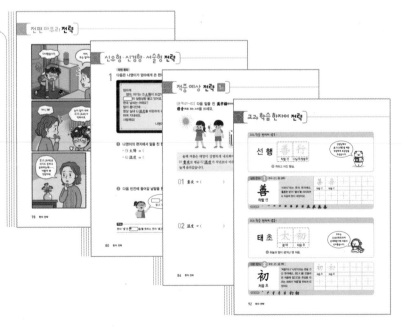

이 책의 차례

6급 배정 한자 총 300자

■ 은 5단계 A 전편 학습 한자, ■ 은 후편 학습 한자입니다.

ㄱ 家	歌	各	角	間	感	強	江
집 가	노래 가	각각 각	뿔 각	사이 간	느낄 감	강할 강	강 강
開	車	京	計	界	高	苦	古
열 개	수레 게ㅣ수레 차	서울 경	셀 계	지경 계	높을 고	쓸 고	예 고
功	公	空	工	共	科	果	光
공 공	공평할 공	빌 공	장인 공	한가지 공	과목 과	실과 과	빛 광
交	敎	校	球	區	九	口	國
사귈 교	가르칠 교	학교 교	공 구	구분할/지경 구	아홉 구	입 구	나라 국
郡	軍	根	近	今	金	急	級
고을 군	군사 군	뿌리 근	가까울 근	이제 금	쇠 금ㅣ성 김	급할 급	등급 급
旗	記	氣	ㄴ 男	南	內	女	年
기 기	기록할 기	기운 기	사내 남	남녘 남	안 내	여자 녀	해 년
農	ㄷ 多	短	答	堂	代	對	待
농사 농	많을 다	짧을 단	대답 답	집 당	대신할 대	대할 대	기다릴 대
大	圖	道	度	讀	冬	洞	東
큰 대	그림 도	길 도	법도 도ㅣ헤아릴 탁	읽을 독ㅣ구절 두	겨울 동	골 동ㅣ밝을 통	동녘 동
童	動	同	頭	等	登	ㄹ 樂	來
아이 동	움직일 동	한가지 동	머리 두	무리 등	오를 등	즐길 락ㅣ노래 액ㅣ좋아할 요	올 래
力	例	禮	路	老	綠	六	理
힘 력	법식 례	예도 례	길 로	늙을 로	푸를 록	여섯 륙	다스릴 리

里	李	利	林	立	萬 [ㅁ]	每	面
마을 리	오얏/성 리	이할 리	수풀 림	설 립	일만 만	매양 매	낯 면
命	明	名	母	目	木	文	聞
목숨 명	밝을 명	이름 명	어머니 모	눈 목	나무 목	글월 문	들을 문
門	問	物	米	美	民	朴 [ㅂ]	班
문 문	물을 문	물건 물	쌀 미	아름다울 미	백성 민	성 박	나눌 반
反	半	發	放	方	百	白	番
돌이킬/돌아올 반	반 반	필 발	놓을 방	모 방	일백 백	흰 백	차례 번
別	病	服	本	部	夫	父	北
다를/나눌 별	병 병	옷 복	근본 본	떼 부	지아비 부	아버지 부	북녘 북/달아날 배
分	不	四 [ㅅ]	社	事	死	使	算
나눌 분	아닐 불	넉 사	모일 사	일 사	죽을 사	하여금/부릴 사	셈 산
山	三	上	色	生	書	西	石
메 산	석 삼	윗 상	빛 색	날 생	글 서	서녘 서	돌 석
席	夕	先	線	雪	省	姓	成
자리 석	저녁 석	먼저 선	줄 선	눈 설	살필 성/덜 생	성 성	이룰 성
世	所	消	小	少	速	孫	樹
인간 세	바 소	사라질 소	작을 소	적을 소	빠를 속	손자 손	나무 수
手	數	水	術	習	勝	時	始
손 수	셈 수	물 수	재주 술	익힐 습	이길 승	때 시	비로소 시

市 저자 시	食 밥/먹을 식	式 법 식	植 심을 식	神 귀신 신	身 몸 신	信 믿을 신	新 새 신
失 잃을 실	室 집 실	心 마음 심	十 열 십	安 편안 안	愛 사랑 애	夜 밤 야	野 들 야
藥 약 약	弱 약할 약	陽 볕 양	洋 큰바다 양	語 말씀 어	言 말씀 언	業 업 업	然 그럴 연
永 길 영	英 꽃부리 영	午 낮 오	五 다섯 오	溫 따뜻할 온	王 임금 왕	外 바깥 외	勇 날랠 용
用 쓸 용	右 오를/오른(쪽) 우	運 옮길 운	園 동산 원	遠 멀 원	月 달 월	油 기름 유	由 말미암을 유
有 있을 유	育 기를 육	銀 은 은	飮 마실 음	音 소리 음	邑 고을 읍	意 뜻 의	衣 옷 의
醫 의원 의	二 두 이	人 사람 인	一 한 일	日 날 일	入 들 입	字 글자 자	者 사람 자
自 스스로 자	子 아들 자	昨 어제 작	作 지을 작	章 글 장	長 긴 장	場 마당 장	在 있을 재
才 재주 재	電 번개 전	戰 싸움 전	前 앞 전	全 온전 전	庭 뜰 정	正 바를 정	定 정할 정
弟 아우 제	題 제목 제	第 차례 제	朝 아침 조	祖 할아버지 조	族 겨레 족	足 발 족	左 왼 좌

晝	注	主	住	中	重	地	紙
낮 주	부을 주	임금/주인 주	살 주	가운데 중	무거울 중	땅 지	종이 지
直	集	ㅊ 窓	川	千	天	淸	靑
곧을 직	모을 집	창 창	내 천	일천 천	하늘 천	맑을 청	푸를 청
體	草	寸	村	秋	春	出	親
몸 체	풀 초	마디 촌	마을 촌	가을 추	봄 춘	날 출	친할 친
七	ㅌ 太	土	通	特	ㅍ 八	便	平
일곱 칠	클 태	흙 토	통할 통	특별할 특	여덟 팔	편할 편|똥오줌 변	평평할 평
表	風	ㅎ 下	夏	學	韓	漢	合
겉 표	바람 풍	아래 하	여름 하	배울 학	한국/나라 한	한수/한나라 한	합할 합
海	行	幸	向	現	形	兄	號
바다 해	다닐 행|항렬 항	다행 행	향할 향	나타날 현	모양 형	형 형	이름 호
畫	花	話	火	和	活	黃	會
그림 화|그을 획	꽃 화	말씀 화	불 화	화할 화	살 활	누를 황	모일 회
孝	後	訓	休				
효도 효	뒤 후	가르칠 훈	쉴 휴				

시간 / 자연 한자

❶ 晝 낮 주　　❷ 夜 밤 야　　❸ 朝 아침 조　　❹ 夕 저녁 석　　❺ 古 예 고　　❻ 今 이제 금
❼ 昨 어제 작　　❽ 現 나타날 현　　❾ 溫 따뜻할 온　　❿ 度 법도 도|헤아릴 탁　　⓫ 太 클 태
⓬ 陽 볕 양　　⓭ 光 빛 광　　⓮ 明 밝을 명　　⓯ 雪 눈 설　　⓰ 風 바람 풍

점선 위로 겹쳐서 한자를 써 보세요.

연한 글씨 위로 겹쳐서 한자를 따라 써 보세요.

한자 1 | 부수 日 | 총 11획

晝 낮 주

손에 붓을 쥐고 있는 모습을 그린 한자로 글을 공부하기 좋은 환한 ☐을/를 뜻해요.

답 낮

晝 낮 주 · 晝 낮 주

쓰는 순서 ㄱ ㄱ ㅋ ㅋ ㄹ 聿 書 書 書 書 晝

모양이 비슷한 한자 書(글 서)　뜻이 비슷한 한자 午(낮 오)　뜻이 반대인 한자 夜(밤 야)

한자 2 | 부수 夕 | 총 8획

夜 밤 야

달빛조차 보이지 않는 깜깜한 어둠을 표현한 한자로 ☐을/를 뜻해요.

답 밤

夜 밤 야 · 夜 밤 야

쓰는 순서 ㅇ ㄱ ㅗ ㅗ 疒 疒 疒 夜

뜻이 반대인 한자 午(낮 오), 晝(낮 주)

한자 3 | 부수 月 | 총 12획

朝 아침 조

떠오르는 해와 아직 채 가시지 않은 달이 함께 그려져 있는 한자로 ☐을/를 뜻해요.

답 아침

朝 아침 조 · 朝 아침 조

쓰는 순서 一 十 十 古 古 古 直 卓 軺 朝 朝 朝

뜻이 반대인 한자 夕(저녁 석)

한자 4 | 부수 夕 | 총 3획

夕 저녁 석

초승달을 본뜬 한자로 저녁에 달이 뜬다고 해서 ☐을/를 뜻하게 되었어요.

답 저녁

夕 저녁 석 · 夕 저녁 석

쓰는 순서 ノ ク 夕

뜻이 반대인 한자 朝(아침 조)

12　한자 전략

1 다음 음(소리)에 해당하는 한자를 찾아 같은 색으로 칠하세요.

2 다음 한자의 뜻과 음(소리)으로 알맞은 것을 찾아 선으로 이으세요.

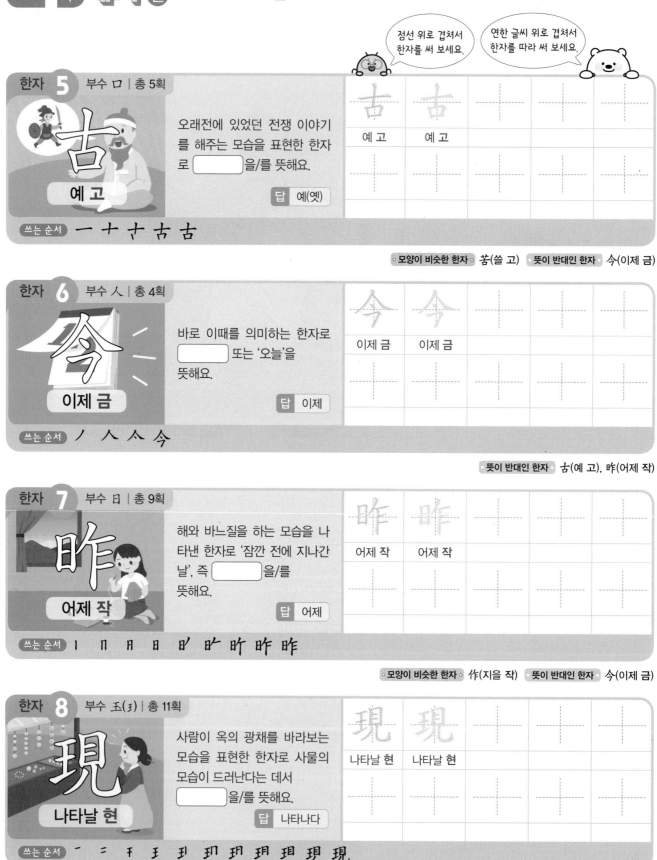

점선 위로 겹쳐서 한자를 써 보세요.

연한 글씨 위로 겹쳐서 한자를 따라 써 보세요.

한자 5 부수 口 | 총 5획

古
예 고

오래전에 있었던 전쟁 이야기를 해주는 모습을 표현한 한자로 [ ]을/를 뜻해요.

답 예(옛)

古	古			
예 고	예 고			

쓰는 순서 一 十 十 古 古

◦모양이 비슷한 한자◦ 苦(쓸 고) ◦뜻이 반대인 한자◦ 今(이제 금)

한자 6 부수 人 | 총 4획

今
이제 금

바로 이때를 의미하는 한자로 [ ] 또는 '오늘'을 뜻해요.

답 이제

今	今			
이제 금	이제 금			

쓰는 순서 ノ 人 쓰 今

◦뜻이 반대인 한자◦ 古(예 고), 昨(어제 작)

한자 7 부수 日 | 총 9획

昨
어제 작

해와 바느질을 하는 모습을 나타낸 한자로 '잠깐 전에 지나간 날', 즉 [ ]을/를 뜻해요.

답 어제

昨	昨			
어제 작	어제 작			

쓰는 순서 l 冂 日 日 旷 旷 昨 昨 昨

◦모양이 비슷한 한자◦ 作(지을 작) ◦뜻이 반대인 한자◦ 今(이제 금)

한자 8 부수 玉(王) | 총 11획

現
나타날 현

사람이 옥의 광채를 바라보는 모습을 표현한 한자로 사물의 모습이 드러난다는 데서 [ ]을/를 뜻해요.

답 나타나다

現	現			
나타날 현	나타날 현			

쓰는 순서 一 二 F 王 王 王 玎 玌 珇 玗 現 現

3 다음 한자의 뜻과 음(소리)에 알맞은 것을 <u>모두</u> 찾아 선으로 이으세요.

4 아이들에게 미션 으로 주어진 한자의 알맞은 뜻을 찾아 선으로 이으세요.

1 다음 한자의 뜻과 음(소리)으로 알맞은 것을 찾아 선으로 이으세요.

夕 ·   · 저녁 ·   · 조

朝 ·   · 아침 ·   · 석

2 다음 그림에 해당하는 한자를 찾아 ○표 하세요.

夜   晝   今   古

3 친구들이 들고 있는 한자의 뜻과 음(소리)을 보기 에서 찾아 그 번호를 쓰세요.

보기
① 낮 주   ② 이제 금   ③ 예 고

晝   古   今

4 다음 한자의 음(소리)으로 알맞은 것을 찾아 ∨표 하세요.

昨

☐ 조   ☐ 작   ☐ 석

5 다음 밑줄 친 낱말에 해당하는 한자를 쓰세요.

그녀는 <u>예</u>나 지금이나 활발합니다.

답

6 다음 한자 카드에 들어갈 한자로 알맞은 것에 ∨표 하세요.

나타날 현   아침 조

☐ 今   ☐ 現   ☐ 朝   ☐ 夕

점선 위로 겹쳐서 한자를 써 보세요.

연한 글씨 위로 겹쳐서 한자를 따라 써 보세요.

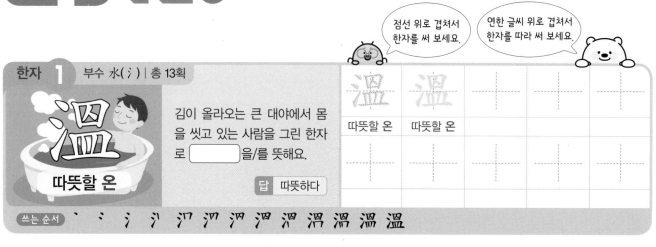

한자 1 · 부수 水(氵) | 총 13획

溫
따뜻할 온

김이 올라오는 큰 대야에서 몸을 씻고 있는 사람을 그린 한자로 □□□을/를 뜻해요.

답 따뜻하다

溫 따뜻할 온   溫 따뜻할 온

쓰는 순서 ` ` 氵 氵 沪 沪 沪 沪 涀 涀 涀 溫 溫

한자 2 · 부수 广 | 총 9획

度
법도 도|헤아릴 탁

집 주위로 돌멩이를 던지며 길이를 재는 모습에서 ❶ □□ 또는 ❷ □□□을/를 뜻하게 되었어요.

답 ❶ 법도 ❷ 헤아리다

度 법도 도|헤아릴 탁   度 법도 도|헤아릴 탁

쓰는 순서 ` 一 广 广 广 庐 庐 庐 度

· 모양이 비슷한 한자 · 席(자리 석)

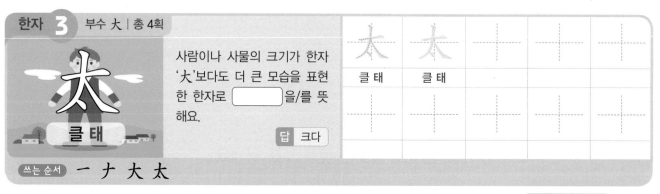

한자 3 · 부수 大 | 총 4획

太
클 태

사람이나 사물의 크기가 한자 '大'보다도 더 큰 모습을 표현한 한자로 □□을/를 뜻해요.

답 크다

太 클 태   太 클 태

쓰는 순서 一 ナ 大 太

· 모양이 비슷한 한자 · 大(큰 대)

한자 4 · 부수 阜(阝) | 총 12획

陽
볕 양

햇볕이 제단 위를 비추고 있는 모습에서 □을/를 뜻하게 되었어요.

답 볕

陽 볕 양   陽 볕 양

쓰는 순서 ` 阝 阝 阝 阡 阡 阡 阴 陽 陽 陽

· 모양이 비슷한 한자 · 場(마당 장)

1 다음 한자의 뜻과 음(소리)을 보기 를 참고하여 순서대로 연결하세요.

보기

陽 ➡ 度 ➡ 溫 ➡ 太 ➡ 陽

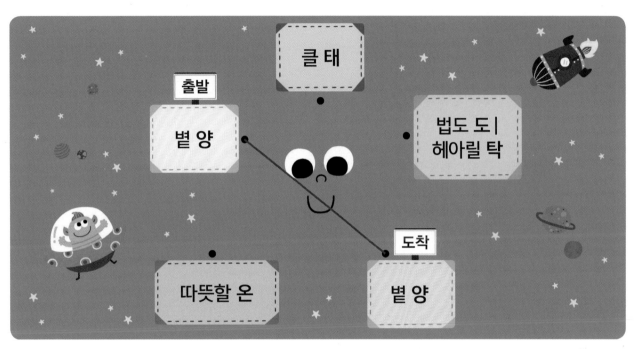

클 태

출발

볕 양

법도 도|
헤아릴 탁

따뜻할 온

도착

볕 양

2 다음 뜻에 해당하는 한자를 보기 에서 찾아 그 번호를 연 안에 쓰세요.

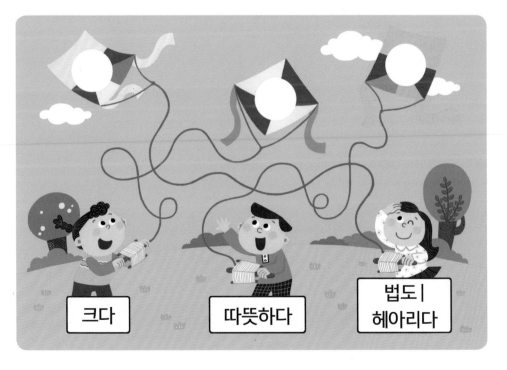

크다

따뜻하다

법도|
헤아리다

보기

① 度

② 太

③ 溫

점선 위로 겹쳐서 한자를 써 보세요.

연한 글씨 위로 겹쳐서 한자를 따라 써 보세요.

한자 5 부수 儿 | 총 6획

光
빛 광

사람 주위가 매우 밝게 빛나고 있는 모습에서 [ ]을/를 뜻하게 되었어요.

답 빛

光	光			
빛 광	빛 광			

쓰는 순서 丨 丨 丷 丷 ⺌ 半 光

뜻이 비슷한 한자 色(빛 색)

한자 6 부수 日 | 총 8획

明
밝을 명

낮을 밝히는 태양(日)과 밤을 밝히는 달(月)을 함께 그린 한자로 [ ]을/를 뜻해요.

답 밝다

明	明			
밝을 명	밝을 명			

쓰는 순서 丨 冂 月 日 日 刖 明 明 明

한자 7 부수 雨 | 총 11획

雪
눈 설

내린 눈을 빗자루로 쓰는 모습에서 [ ]을/를 뜻하게 되었어요.

답 눈

雪	雪			
눈 설	눈 설			

쓰는 순서 一 ⼀ ⼾ ⾬ 兩 兩 兩 雨 雪 雪 雪

모양이 비슷한 한자 電(번개 전)

한자 8 부수 風 | 총 9획

風
바람 풍

봉황의 날갯짓으로 바람이 일어나는 모습을 나타낸 한자로 [ ]을/를 뜻해요.

답 바람

風	風			
바람 풍	바람 풍			

쓰는 순서 丿 几 凡 凡 凤 凤 風 風 風 약자 风

3 다음 음(소리)에 알맞은 한자를 모두 찾아 같은 모양으로 표시하세요.

풍

광

설

4 다음 보기 의 순서대로 한자의 뜻과 음(소리)을 찾아 미로를 통과해 보세요.

보기

風
↓
明
↓
雪
↓
風
↓
光

1 다음 한자의 뜻과 음(소리)으로 알맞은 것을 찾아 선으로 이으세요.

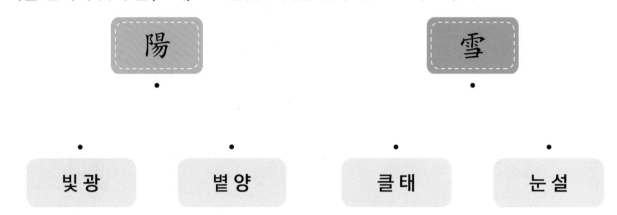

陽 · 雪 ·

· · · ·

빛 광   볕 양   클 태   눈 설

2 다음 한자에 해당하는 뜻과 음(소리)을 찾아 ○표 하세요.

明

뜻
빛
바람
밝다

음(소리)
풍
명
광

3 다음 사다리를 타고 내려가 뜻과 음(소리)이 바르게 연결된 한자에 ○표 하세요.

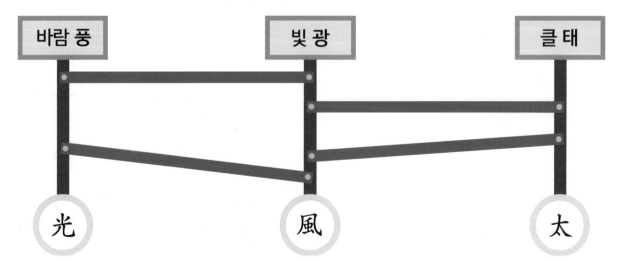

바람 풍   빛 광   클 태

光   風   太

4 다음 밑줄 친 한자에 해당하는 뜻을 찾아 ○표 하세요.

雪으로 귀여운 눈사람을 만들었습니다.

눈 　　　 바람

5 다음 뜻과 음(소리)에 해당하는 한자를 보기 에서 찾아 그 번호를 쓰세요.

보기
　① 陽　　　　② 度　　　　③ 溫　　　　④ 太

(1) 법도 도 | 헤아릴 **탁** ➡ (　　　　　　)

(2) 클 **태** ➡ (　　　　　　)

6 다음 밑줄 친 말에 해당하는 한자를 쓰세요.

난로 앞은 공기가 <u>따뜻합니다</u>.

답

대표 한자어 01

태양 太陽
- 클 태
- 볕 양

뜻 태양계의 중심으로 스스로 빛을 내는 큰 별.

석양 夕陽
- 저녁 석
- 볕 양

뜻 저녁때의 햇빛. 또는 저녁때의 저무는 해.

太陽(태양)이 동쪽 하늘에서 떠올라 온 세상을 비추고 있어.

태양이 서쪽으로 저물면 夕陽(석양)빛으로 하늘이 온통 붉게 물들어.

대표 한자어 02

조석 朝夕
- 아침 조
- 저녁 석

뜻 아침과 저녁을 아울러 이르는 말.

朝夕(조석)으로 열심히 운동하고 있어.

대표 한자어 03

온도 溫度
- 따뜻할 온
- 법도 도|헤아릴 탁

뜻 따뜻함과 차가움의 정도. 또는 그것을 나타내는 수치.

온난화로 지구의 溫度(온도)가 점점 올라가고 있어.

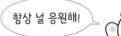
대표 한자어 04

왕 조

王	朝
임금 왕	아침 조

뜻 한 계통의 왕들이 다스리는 시대.

태조 이성계는 조선 王朝(왕조)를 세운 임금이셔.

대표 한자어 05

백 설

白	雪
흰 백	눈 설

뜻 하얀 눈.

눈이 내려 온 세상이 白雪(백설)로 뒤덮여 있어.

대표 한자어 06

작 년

昨	年
어제 작	해 년

뜻 지난해.

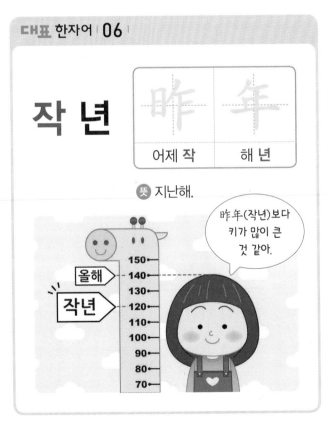
昨年(작년)보다 키가 많이 큰 것 같아.

올해
작년

150
140
130
120
110
100
90
80
70

대표 한자어 | 07 |

고 금

古 今
예 고 | 이제 금

(뜻) 예전과 지금을 아울러 이르는 말.

한글은 古今(고금)을 통틀어 가장 위대한 발명 중 하나야.

대표 한자어 | 07 | 같은 위치의 고물 부분

고 물

古 物
예 고 | 물건 물

(뜻) 오래된 물건. 또는 헐거나 낡은 물건.

민호는 古物(고물)이 된 물건도 버리지 않고 소중히 간직한대.

대표 한자어 | 08 |

출 현

出 現
날 출 | 나타날 현

(뜻) 없던 것이나 숨겨져 있던 것이 나타남.

UFO의 出現(출현)에 온 세계가 깜짝 놀랐어.

대표 한자어 | 09 |

광 명

光 明
빛 광 | 밝을 명

(뜻) 밝고 환함. 또는 밝은 미래나 희망을 상징하는 밝고 환한 빛.

지친 너에게 한 줄기 光明(광명)의 빛이 비쳤어.

항상 널 응원해!

주야

畫	夜
낮 주	밤 야

뜻 밤과 낮을 아울러 이르는 말.

야광

夜	光
밤 야	빛 광

뜻 어둠 속에서 빛을 냄. 또는 그런 물건.

은주는
畫夜(주야)를 가리지
않고 노래를 들어.

노래를 들으면서
夜光(야광) 봉도 신나게
흔들고 있어.

풍토

風	土
바람 풍	흙 토

뜻 어떤 지역의 기후와 토지의 상태.

이 지역의
風土(풍토)는 나무가
자라기에 적합해.

1 다음 문장의 내용이 맞으면 '예', 틀리면 '아니요'에 ◯표 하세요.

'畫夜(주야)'는 '밤과 낮을 아울러 이르는 말.'을 뜻합니다.

예 / 아니요

Tip

'畫'는 (낮, 밤)을 뜻하는 한자입니다.

답 낮

2 다음 뜻에 해당하는 한자어를 찾아 ∨표 하세요.

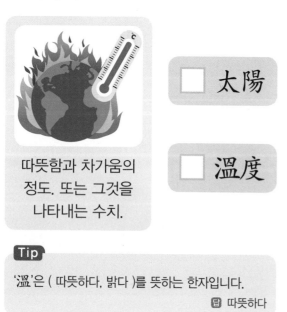

따뜻함과 차가움의 정도. 또는 그것을 나타내는 수치.

☐ 太陽

☐ 溫度

Tip

'溫'은 (따뜻하다, 밝다)를 뜻하는 한자입니다.

답 따뜻하다

3 다음 설명에 해당하는 한자어를 찾아 ◯표 하세요.

설명

하얀 눈.

白雪   風土

Tip

'雪'은 [   ]을/를 뜻하고, '설'이라고 읽습니다.

답 눈

4 다음 뜻에 해당하는 한자어를 찾아 선으로 이으세요.

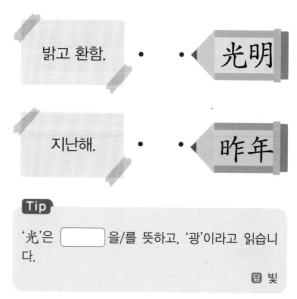

밝고 환함. •   • 光明

지난해. •   • 昨年

Tip

'光'은 [   ]을/를 뜻하고, '광'이라고 읽습니다.

답 빛

5 다음 뜻에 해당하는 한자어를 찾아 ○ 표 하세요.

없던 것이나 숨겨져 있던 것이 나타남.

王朝   出現

Tip

'現'은 '나타나다'를 뜻하고, [ ](이)라고 읽습니다.

답 현

6 '朝夕(조석)'의 뜻을 바르게 설명한 것에 ○표 하세요.

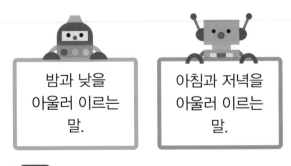

밤과 낮을 아울러 이르는 말.

아침과 저녁을 아울러 이르는 말.

Tip

'夕'은 (저녁, 밤)을 뜻하는 한자입니다.

답 저녁

7 다음 낱말 퍼즐을 푸세요.

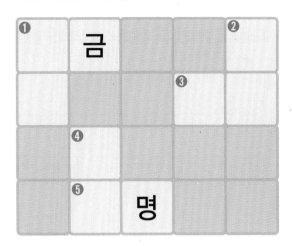

가로 열쇠

❶ 예전과 지금을 아울러 이르는 말.
❸ 태양계의 중심으로 스스로 빛을 내는 큰 별.
❺ 밝고 환함. 또는 밝은 미래나 희망을 상징하는 밝고 환한 빛.

세로 열쇠

❶ 오래된 물건. 또는 헐거나 낡은 물건.
❷ 저녁때의 햇빛. 또는 저녁때의 저무는 해.
❹ 어둠 속에서 빛을 냄. 또는 그런 물건.

Tip

'저녁때의 햇빛. 또는 저녁때의 저무는 해.'를 뜻하는 한자어는 (晝夜, 夕陽)입니다.

답 夕陽

전략 ① 한자어의 음(소리) 쓰기

다음 밑줄 친 漢字語한자어의 讀音(독음: 읽는 소리)을 쓰세요.

> **보기**
>
> 成功 ➡ 성공

• 이 지역은 사과나무가 잘 자라는 <u>風土</u>를 가지고 있습니다. ➡ (   )

답 풍토

필수 예제 | 01 |

다음 밑줄 친 漢字語한자어의 讀音(독음: 읽는 소리)을 쓰세요.

> **보기**
>
> 昨今 ➡ 작금

(1) 1월 1일 떠오르는 <u>太陽</u>을 보며 소원을 빕니다.　➡ (   )

(3) 그는 <u>晝夜</u>로 쉬지 않고 일만 합니다.
　　➡ (   )

(2) 산이 온통 <u>白雪</u>로 뒤덮였습니다.
　　➡ (   )

(4) 오늘 한국사 시간에 조선 <u>王朝</u> 500년의 역사를 배웠습니다.
　　➡ (   )

> 문장 속에 쓰인 한자어가 각각 어떤 한자들로 이루어져 있는지 알아 두도록 합니다.

전략 2 한자의 뜻과 음(소리) 쓰기

다음 漢字한자의 訓(훈: 뜻)과 音(음: 소리)을 쓰세요.

> **보기**
>
> 來 ➡ 올 래

• 朝 ➡ (   )

답 | 아침 조

필수 예제 | 02

다음 漢字한자의 訓(훈: 뜻)과 音(음: 소리)을 쓰세요.

> **보기**
>
> 始 ➡ 비로소 시

(1) 明 ➡ (   )　　　(3) 光 ➡ (   )

(2) 今 ➡ (   )　　　(4) 度 ➡ (   )

> 한자의 뜻과 음(소리)은
> 반드시 함께
> 알아 두어야 합니다.

전략 3 제시된 한자와 음(소리)은 같고 뜻이 다른 한자 찾기

다음에서 음(소리)은 같으나 뜻이 다른 漢字한자를 찾아 번호를 쓰세요.

• 今: ① 古   ② 金   ③ 夜   ④ 夕 ➡ (   )

답 ②

필수 예제 03

다음에서 음(소리)은 같으나 뜻이 다른 漢字한자를 찾아 번호를 쓰세요.

(1) 度: ① 明   ② 圖   ③ 雪   ④ 太 ➡ (   )

(2) 古: ① 夕   ② 度   ③ 高   ④ 風 ➡ (   )

(3) 畫: ① 住   ② 溫   ③ 朝   ④ 現 ➡ (   )

(4) 明: ① 光   ② 雪   ③ 昨   ④ 名 ➡ (   )

한자의 뜻과 음(소리)을
정확하게 구분하여
알아 두어야 합니다.

전략 **4** 뜻이 반대 또는 상대되는 한자 찾기

다음 漢字한자와 뜻이 반대 또는 상대되는 漢字한자를 찾아 번호를 쓰세요.

• 朝 : ① 溫   ② 太   ③ 夕   ④ 今 ➡ (   )

답 ③

필수 예제 04

다음 漢字한자와 뜻이 반대 또는 상대되는 漢字한자를 찾아 번호를 쓰세요.

(1) 古 : ① 昨   ② 太   ③ 雪   ④ 今 ➡ (   )

(2) 夕 : ① 朝   ② 光   ③ 晝   ④ 溫 ➡ (   )

(3) 今 : ① 風   ② 度   ③ 昨   ④ 朝 ➡ (   )

(4) 夜 : ① 昨   ② 晝   ③ 現   ④ 雪 ➡ (   )

한자의 뜻이 반대 또는
상대되는 한자를 구분하여
알아 두어야 합니다.

[한자어의 음(소리) 쓰기]

1 다음 밑줄 친 漢字語한자어의 讀音(독음: 읽는 소리)을 쓰세요.

秋夕

<u>昨年</u> 추석에 온 가족이 모여 송편을 만들었습니다.

➡ (   )

Tip
'昨年'의 '昨'은 '어제'를 뜻하고, '작'이라고 읽습니다.

[한자어의 음(소리) 쓰기]

2 다음 밑줄 친 漢字語한자어의 讀音(독음: 읽는 소리)을 쓰세요.

조선이라는 새로운 <u>王朝</u>를 세운 사람은 태조 이성계입니다.

➡ (   )

Tip
'王朝'는 '한 계통의 왕들이 다스리는 시대.'를 뜻합니다.

[한자의 뜻과 음(소리) 쓰기]

3 다음 漢字한자의 訓(훈: 뜻)과 音(음: 소리)을 쓰세요.

> 보기
>
> 來 ➡ 올 래

· 度 ➡ (,   )

Tip
'度'는 '법도' 또는 '헤아리다'를 뜻하고, '도' 또는 '탁'이라고 읽습니다.

[한자의 뜻과 음(소리) 쓰기]

4 다음 漢字한자의 訓(훈: 뜻)과 音(음: 소리)을 쓰세요.

> 보기
>
> 果 ➡ 실과 **과**

· 雪 ➡ (   )

Tip
'雪'은 '눈'을 뜻하고, '설'이라고 읽습니다.

[뜻이 반대 또는 상대되는 한자 찾기]

5 다음 漢字한자와 뜻이 반대 또는 상대되는 漢字한자를 찾아 번호를 쓰세요.

- 朝: ① 風　② 夕　③ 太　④ 今 → (　　　　　)

> **Tip**
> '朝'는 '아침'을 뜻하고, '조'라고 읽습니다.

[빈칸에 들어갈 한자 찾기]

6 다음 성어의 (　) 안에 알맞은 漢字한자를 보기 에서 찾아 그 번호를 쓰세요.

> 보기
> ① 夜　　② 風　　③ 雪　　④ 太

- 晝(　)長川: 밤낮으로 쉬지 아니하고 늘, 언제나.
　　　　　　　　→ (　　　　　)

> **Tip**
> '晝夜'는 '낮밤'이라 하지 않고, '밤낮'이라고 표현합니다.

[제시된 한자와 뜻이 비슷한 한자 찾기]

7 다음 漢字한자와 뜻이 비슷한 漢字한자를 찾아 번호를 쓰세요.

- 光: ① 夕　② 風　③ 晝　④ 色 → (　　　　　)

> **Tip**
> '빛'을 뜻하는 한자는 '光'과 '色'이고, '광'과 '색'이라고 읽습니다.

[제시된 뜻에 맞는 한자어 찾기]

8 다음 뜻에 맞는 漢字語한자어를 보기 에서 찾아 그 번호를 쓰세요.

> 보기
> ① 白雪　　② 太陽　　③ 溫度　　④ 晝夜

- 태양계의 중심으로 스스로 빛을 내는 큰 별.
　　　　　　　　→ (　　　　　)

> **Tip**
> '陽'은 '볕(햇빛)'을 뜻하고, '양'이라고 읽습니다.

 누구나 **만점 전략**

01 다음 ⬜ 안에 들어갈 한자에 ○표 하세요.

8.15 광복 이후 우리나라는

光 ⬜ 을 되찾았습니다.

度   明

02 다음 한자의 뜻과 음(소리)을 쓰세요.

風

03 다음 밑줄 친 한자어의 음(소리)을 쓰세요.

집 안 <u>溫度</u>가 어떤가요?

➡ (   )

04 다음 뜻에 해당하는 한자어를 보기 에서 찾아 그 번호를 쓰세요.

보기
① 古今   ② 夜光   ③ 晝夜

• 예전과 지금을 아울러 이르는 말.

➡ (   )

05 다음 뜻과 음(소리)에 해당하는 한자 를 보기 에서 찾아 그 번호를 쓰세요.

보기
① 現   ② 太   ③ 今

• 이제 금 ➡ (   )

▶정답 4쪽

06 다음 에 해당하는 한자어를 찾아 ○표 하세요.

설명

없던 것이나 숨겨져 있던 것이
나타남.

夜光

出現

07 다음 밑줄 친 한자에 해당하는 뜻을 보기 에서 찾아 그 번호를 쓰세요.

보기

① 따뜻하다 ② 밝다 ③ 나타나다

• 淸風明月 → (   )

08 다음 □ 안에 들어갈 한자를 보기 에서 찾아 그 번호를 쓰세요.

보기

① 夜   ② 朝   ③ 雪

• 王□ : 한 계통의 왕들이 다스리는
      시대. → (   )

09 다음 밑줄 친 낱말에 해당하는 한자어를 보기 에서 찾아 그 번호를 쓰세요.

보기

① 太陽 ② 夕陽 ③ 古物

• 아빠는 고물이 된 자전거로 시계를
  만드셨습니다.
          → (   )

10 다음 한자와 뜻이 반대인 한자를 보기 에서 찾아 그 번호를 쓰세요.

보기

① 古   ② 午   ③ 朝

• 夕 → (   )

1 위 대화를 읽고, 무엇을 이용해서 환경친화적인 에너지를 만들 수 있는지를 찾아 한글로 쓰세요.

→ (   )

▶정답 5쪽

2 위 대화를 읽고, '태양'이 떠오르면 어떤 변화가 생기는지 알맞은 것에 ○표 하세요.

→ (온도가 낮아진다, 온도가 높아진다)

코딩

1 다음 규칙 에 따라 아래 표를 색칠했을 때 나오는 한자의 뜻과 음(소리)을 쓰세요.

규칙
- 첫 번째 숫자는 항상 흰색의 칸수를 의미합니다.
- 첫 번째 숫자가 '0'이면 검은색 칸으로 시작합니다.
- 숫자 나열 규칙은 '흰색 칸 수, 검은색 칸 수, 흰색 칸 수, 검은색 칸 수……'입니다.

2, 1, 2					
0, 5					
2, 1, 2					
1, 3, 1					
1, 1, 1, 1, 1					
1, 3, 1					

- 한자의 뜻 ➔ (   )
- 한자의 음(소리) ➔ (   )

2 그림 속 ⬭로 표시된 부분과 관련이 있는 것을 보기 에서 찾아 그 번호를 쓰세요.

보기

① 夜光

② 雪

3 다음 규칙에 따라 미로를 탈출하여 도착한 한자어에 ○표 하고, 그 한자어의 음(소리)을 쓰세요.

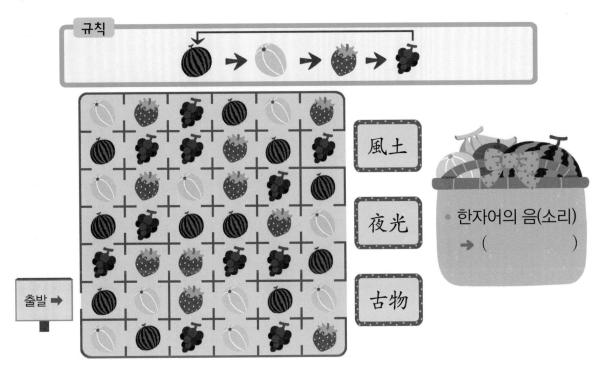

風土

夜光

古物

한자어의 음(소리)

➡ (   )

4 다음 글을 읽고, 밑줄 친 **이것**을 보기 에서 찾아 한자로 쓰세요.

이것은 스스로 빛을 내는 항성으로 지구에서 가장 가까운 거리에 있고, 지구에 사는 모든 생물은 '이것'의 빛과 열을 이용하여 살아가고 있습니다.

보기

太陽   風土

답

5 다음 그림에 나타난 각 자연 요소와 관련이 <u>없는</u> 한자를 찾아 그 번호를 쓰세요.

→ (   )

① 陽   ② 風   ③ 雪   ④ 夜

6 다음 그림에서 '溫度'와 관계 있는 것을 <u>모두</u> 찾아 ○표 하세요.

7 다음 한자가 쓰인 재료를 이용해 케이크를 만들려고 합니다. 조건 에 따라 만들어진 케이크를 찾아 ○표 하세요.

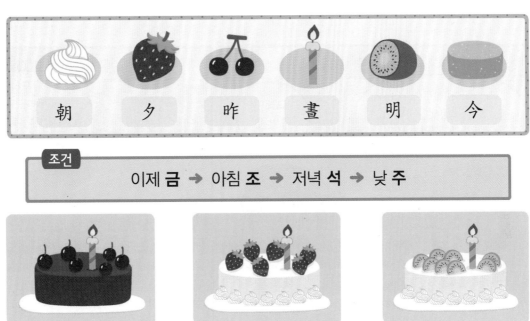

8 다음 질문의 답을 순서대로 연결하여 잠금 화면을 풀어 보세요.

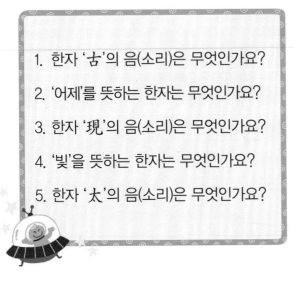

1. 한자 '今'의 음(소리)은 무엇인가요?
2. '어제'를 뜻하는 한자는 무엇인가요?
3. 한자 '現'의 음(소리)은 무엇인가요?
4. '빛'을 뜻하는 한자는 무엇인가요?
5. 한자 '太'의 음(소리)은 무엇인가요?

색깔 / 모양 / 지리 한자

① 色 빛 **색**　② 綠 푸를 **록**　③ 黃 누를 **황**　④ 銀 은 **은**　⑤ 形 모양 **형**　⑥ 線 줄 **선**

⑦ 球 공 **구**　⑧ 直 곧을 **직**　⑨ 通 통할 **통**　⑩ 路 길 **로**　⑪ 行 다닐 **행**|항렬 **항**

⑫ 道 길 **도**　⑬ 區 구분할/지경 **구**　⑭ 郡 고을 **군**　⑮ 京 서울 **경**　⑯ 市 저자 **시**

가위바위보를 해서 이긴 사람이 먼저 하자!

가위바위보!!

그럼 이제 '사방치기' 놀이는 그만하고, 시원한 팥빙수 먹으며 색깔과 모양, 지리에 관한 한자를 공부해 볼까?

팥 빙 수

날씨가 너무 더워서 길[道]에 사람도 안 다니는[行] 것 같아.

덥긴 하다.

점선 위로 겹쳐서 한자를 써 보세요.

연한 글씨 위로 겹쳐서 한자를 따라 써 보세요.

한자 1 | 부수 色 | 총 6획

色
빛 색

반짝이는 빛깔을 의미하는 한자로 '색깔' 또는 [ ]을/를 뜻해요.

답 빛

빛 색　빛 색

쓰는 순서 ⁄ ⁄ ⁄ ⁄ ⁄ 色

· 모양이 비슷한 한자 · 邑(고을 읍)　· 뜻이 비슷한 한자 · 光(빛 광)

한자 2 | 부수 糸(糸) | 총 14획

綠
푸를 록

나무나 풀에서 채취한 염료를 가공한 후 보자기에 넣어 쥐어 짜는 모습에서 [ ](이)라는 뜻이 생겼어요.

답 푸르다

푸를 록　푸를 록

쓰는 순서 ⁄ ⁄ ⁄ ⁄ ⁄ 糸 糸 糸 糸 糸 綠 綠 綠 綠

· 모양이 비슷한 한자 · 線(줄 선)　· 뜻이 비슷한 한자 · 靑(푸를 청)

한자 3 | 부수 黃 | 총 12획

黃
누를 황

황금색의 패옥을 허리에 단 황제를 그린 한자로 후에 [ ]을/를 뜻하게 되었어요.

답 누렇다

누를 황　누를 황

쓰는 순서 一 十 艹 丗 丗 丗 苗 苗 苗 黃 黃 黃

한자 4 | 부수 金 | 총 14획

銀
은 은

희고 깨끗하여서 눈에 잘 보이는 금속을 표현한 한자로 [ ]을/를 뜻해요.

답 은

은 은　은 은

쓰는 순서 ⁄ ⁄ ⁄ ⁄ ⁄ 金 金 金 釗 釗 釗 銀 銀

1 다음 마카롱의 색과 한자가 일치하는 것을 <u>모두</u> 찾아 ○표 하세요.

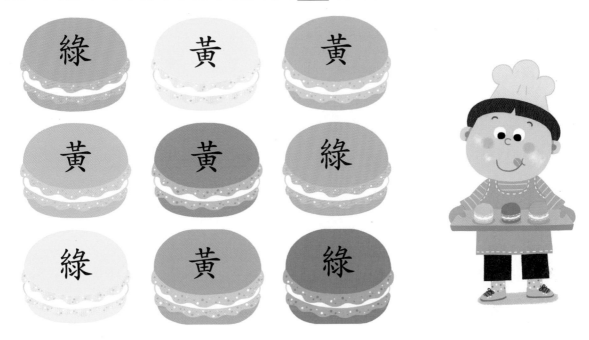

2 한자의 음(소리)이 적힌 규칙을 참고하여 한자를 순서대로 연결하세요.

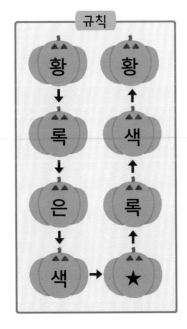

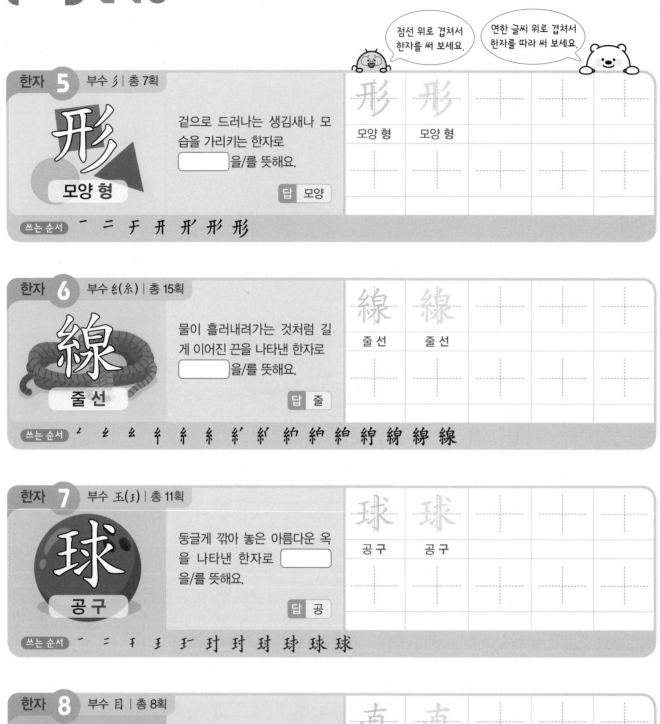

점선 위로 겹쳐서 한자를 써 보세요.

연한 글씨 위로 겹쳐서 한자를 따라 써 보세요.

한자 5 부수 彡 | 총 7획

形
모양 형

겉으로 드러나는 생김새나 모습을 가리키는 한자로 ☐을/를 뜻해요.

답 모양

形 모양 형　形 모양 형

쓰는 순서 一 二 于 开 开 形 形

한자 6 부수 糸(糸) | 총 15획

線
줄 선

물이 흘러내려가는 것처럼 길게 이어진 끈을 나타낸 한자로 ☐을/를 뜻해요.

답 줄

線 줄 선　線 줄 선

쓰는 순서 ㄥ ㄠ ㄠ ㄠ ㅎ 糸 糸 糸 糽 紵 紵 綧 綧 線 線

한자 7 부수 玉(王) | 총 11획

球
공 구

둥글게 깎아 놓은 아름다운 옥을 나타낸 한자로 ☐을/를 뜻해요.

답 공

球 공 구　球 공 구

쓰는 순서 一 二 于 王 王 玗 玗 玙 球 球 球

한자 8 부수 目 | 총 8획

直
곧을 직

한쪽으로 기울어지지 않고 똑바른 모습을 표현한 한자로 ☐을/를 뜻해요.

답 곧다

直 곧을 직　直 곧을 직

쓰는 순서 一 十 十 市 市 market 直

3 다음 한자에 해당하는 음(소리)을 찾아 ○표 하세요.

4 다음 한자의 뜻과 음(소리)이 어울리는 아이스크림을 <u>모두</u> 찾아 ○표 하세요.

1 다음 한자의 뜻과 음(소리)으로 알맞은 것을 찾아 선으로 이으세요.

色 · · 빛 색 · 은 은 · 줄 선 · 곧을 직 · 直

2 다음 문장의 내용이 맞으면 '예', 틀리면 '아니요'에 ○표 하세요.

'黃'의
뜻과 음(소리)은
'누를 황'입니다.

예

아니요

'形'의
뜻과 음(소리)은
'줄 선'입니다.

예

아니요

3 다음 음(소리)에 해당하는 한자로 알맞은 것을 찾아 ∨표 하세요.

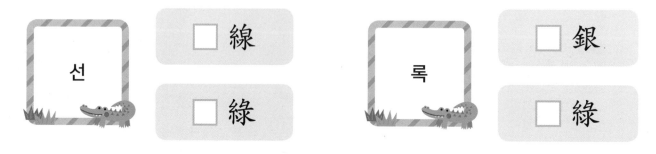

선

□ 線

□ 綠

록

□ 銀

□ 綠

4 다음 밑줄 친 낱말에 해당하는 한자를 찾아 ○표 하세요.

은으로 반지를 만들었습니다.

銀　　黃

5 다음 뜻과 음(소리)에 해당하는 한자를 보기 에서 찾아 그 번호를 쓰세요.

보기
① 球　　② 形　　③ 綠　　④ 色

(1) 모양 형 ➡ (　　　　　　)

(2) 푸를 록 ➡ (　　　　　　)

6 다음 한자 카드에 들어갈 한자나 한자의 뜻과 음(소리)을 쓰세요.

공구

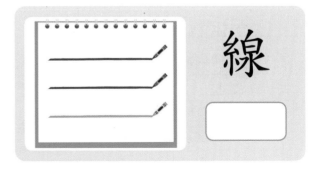

線

급수 한자 돌파 전략 ❶

점선 위로 겹쳐서 한자를 써 보세요.

연한 글씨 위로 겹쳐서 한자를 따라 써 보세요.

한자 1 부수 辵(辶) | 총 11획

고리가 있는 종을 표현한 한자로 속이 텅 빈 종처럼 길이 뻥 뚫려있다는 데서 (   ) 을/를 뜻해요.

답 통하다

通 通
통할 통 통할 통

쓰는 순서 ㇇ ㇇ 𠃌 乃 月 甬 甬 ⻌甬 涌 诵 通

◦ 모양이 비슷한 한자 ◦ 道(길 도)

한자 2 부수 足(⻊) | 총 13획

발걸음이 입구에 도달한 모습을 나타낸 한자로 (   ) 을/를 뜻해요.

답 길

路 路
길 로 길 로

쓰는 순서 丨 口 口 早 早 𧾷 ⻊ 𧿹 跂 政 政 路 路

◦ 뜻이 비슷한 한자 ◦ 道(길 도)

한자 3 부수 行 | 총 6획

네 방향으로 갈라진 사거리를 그린 한자로 ❶ (   ) 또는 ❷ (   ) 을/를 뜻해요.

답 ❶ 다니다 ❷ 항렬

行 行
다닐 행|항렬 항 다닐 행|항렬 항

쓰는 순서 ノ 彳 彳 彳 行 行

한자 4 부수 辵(辶) | 총 13획

사람이 가야 할 올바른 길이라는 의미에서 (   ) (이)나 '도리'를 뜻하게 되었어요.

답 길

道 道
길 도 길 도

쓰는 순서 丶 丷 䒑 丷 艹 首 首 首 首 首 ⻌首 道 道

◦ 뜻이 비슷한 한자 ◦ 路(길 로)

1 다음 한자의 뜻과 음(소리)이 어울리는 것을 찾아 ∨표 하세요.

2 다음 그림에서 떨어진 사과에 쓰인 뜻을 가진 한자를 <u>모두</u> 찾아 ○표 하세요.

점선 위로 겹쳐서 한자를 써 보세요.

연한 글씨 위로 겹쳐서 한자를 따라 써 보세요.

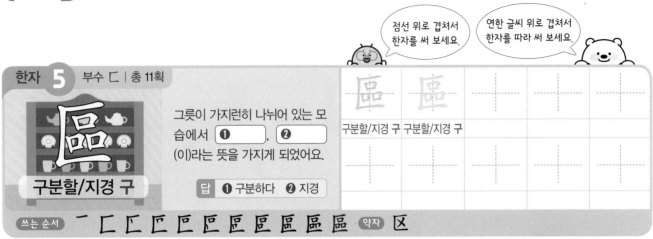

한자 5 | 부수 匚 | 총 11획

區 구분할/지경 구

그릇이 가지런히 나뉘어 있는 모습에서 ❶_____ , ❷_____ (이)라는 뜻을 가지게 되었어요.

답 ❶ 구분하다 ❷ 지경

구분할/지경 구	구분할/지경 구			

쓰는 순서 一 ㄷ ㄷ ㄷ ㄷ ㄷ 亟 匝 區 區 區   약자 区

•뜻이 비슷한 한자• 界(지경 계)

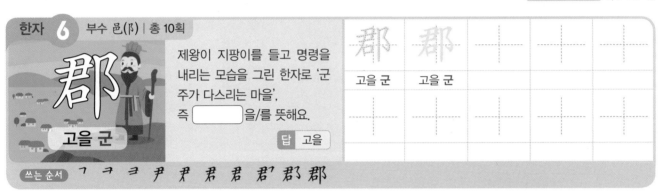

한자 6 | 부수 邑(阝) | 총 10획

郡 고을 군

제왕이 지팡이를 들고 명령을 내리는 모습을 그린 한자로 '군주가 다스리는 마을', 즉 _____을/를 뜻해요.

답 고을

고을 군	고을 군			

쓰는 순서 フ ㄱ ㅋ 尹 尹 君 君 郡 郡 郡

•뜻이 비슷한 한자• 洞(골 동), 邑(고을 읍)

한자 7 | 부수 亠 | 총 8획

京 서울 경

사람들이 모여 사는 도읍을 나타낸 한자로 _____을/를 뜻해요.

답 서울

서울 경	서울 경			

쓰는 순서 ` 亠 宀 古 古 宁 亨 京

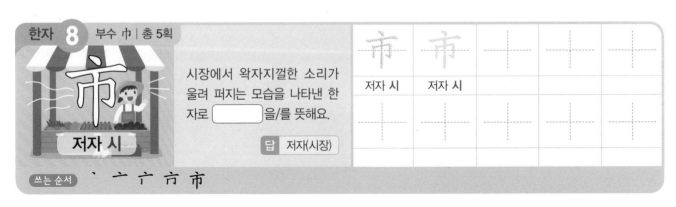

한자 8 | 부수 巾 | 총 5획

市 저자 시

시장에서 왁자지껄한 소리가 울려 퍼지는 모습을 나타낸 한자로 _____을/를 뜻해요.

답 저자(시장)

저자 시	저자 시			

쓰는 순서 ` 亠 宀 市 市

3 다음 한자의 뜻과 음(소리)을 찾아 다음과 같이 ○표 하세요.

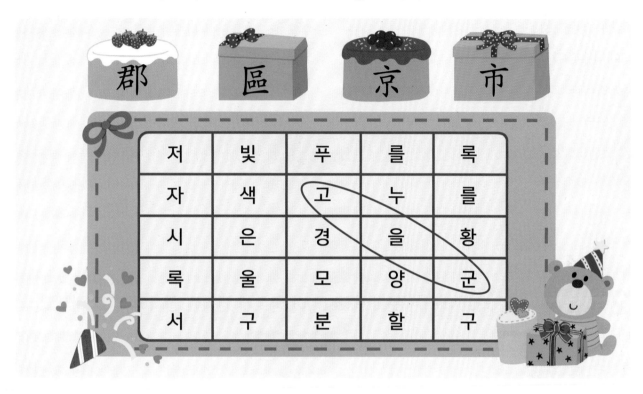

4 다음 밑줄 친 말에 해당하는 한자를 찾아 ∨표 하세요.

천재는 서울<u>시</u>에 살고 있습니다.

☐ 京   ☐ 市

1 다음 한자의 뜻과 음(소리)으로 알맞은 것을 찾아 선으로 이으세요.

市 ·   · 저자 ·   · 항

行 ·   · 항렬 ·   · 시

2 다음 사다리를 타고 내려가 뜻과 음(소리)이 바르게 연결된 한자에 ○표 하세요.

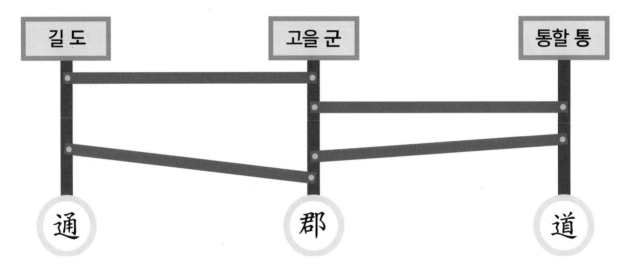

| 길 도 | 고을 군 | 통할 통 |

通   郡   道

3 다음 음(소리)에 해당하는 한자를 찾아 ∨표 하세요.

구

☐ 路   ☐ 區   ☐ 通

4 다음 밑줄 친 낱말에 해당하는 한자를 보기 에서 찾아 쓰세요.

서울을 향해 떠났습니다.

보기

京   郡

답

5 친구들이 들고 있는 한자의 뜻과 음(소리)을 보기 에서 찾아 그 번호를 쓰세요.

보기

① 길 로   ② 다닐 행   ③ 구분할 구

6 다음 밑줄 친 한자의 음(소리)에 해당하는 것을 찾아 ○표 하세요.

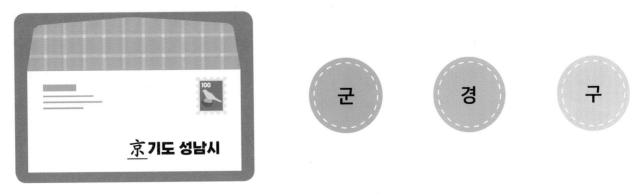

京 기도 성남시

군   경   구

대표 한자어 01

은 행

銀	行
은 은	다닐 행|항렬 항

뜻 예금을 받아 관리하는 금융기관.

급 행

急	行
급할 급	다닐 행|항렬 항

뜻 급히 감. 운행 속도가 빠른 열차.

銀行(은행) 영업이 끝나기 전에 도착하려면 어떻게 해야 해?

急行(급행) 열차를 타면 빠르게 갈 수 있어!

대표 한자어 02

녹 색

綠	色
푸를 록	빛 색

뜻 파랑과 노랑의 중간색. 초록색.

신호등이 綠色(녹색)일 때 건너야 해.

대표 한자어 03

황 금

黃	金
누를 황	쇠 금

뜻 누런빛이 나는 금.

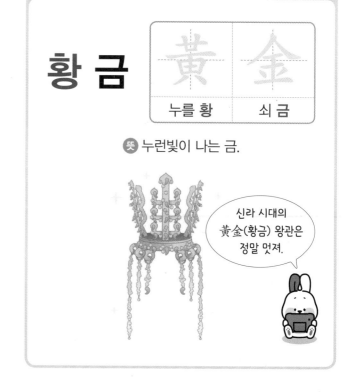

신라 시대의 黃金(황금) 왕관은 정말 멋져.

참고 '綠'이 낱말의 맨 앞에 올 때는 '녹'이라고 읽어요.

항상 널 응원해!

직 구

直	球
곧을 직	공 구

뜻 야구에서, 투수가 변화를 주지 않고 직선같이 곧게 던지는 공.

직 선

直	線
곧을 직	줄 선

뜻 꺾이거나 굽은 데가 없는 곧은 선.

저 선수는 경기 때 直球(직구)만 던지는 걸로 유명해.

공을 정말 直線(직선)으로 빠르게 던지는구나.

성 형

成	形
이룰 성	모양 형

뜻 진흙이나 유리와 같이 물렁거리는 재료를 빚어 물건의 형체를 만드는 것.

미나와 진호는 체험 학습 시간에 도자기 成形(성형)을 배웠어.

도자기 체험

대표 한자어 06

통로

通	路
통할 통	길 로

뜻 통하여 다니는 길.

도로

道	路
길 도	길 로

뜻 사람과 차 등이 잘 다닐 수 있도록 만들어 놓은 길.

이 通路(통로)로 나가면 뭐가 나올까?

차가 다니는 道路(도로)가 나오니 조심해야 해.

대표 한자어 07

수구

水	球
물 수	공 구

뜻 수영 경기의 하나로, 물속에서 하는 구기 운동.

水球(수구) 경기는 정말 재미있어.

대표 한자어 08

구내

區	內
구분할/지경 구	안 내

뜻 일정한 구역의 안.

경찰차가 區內(구내)를 순찰하고 있어.

대표 한자어 09

군 민

郡	民
고을 군	백성 민

뜻 군(郡)에 사는 사람.

준호네 아빠는 이번 郡民(군민) 체육대회에 씨름 선수로 참가하셔.

대표 한자어 10

동 경

東	京
동녘 동	서울 경

뜻 '도쿄'를 우리 한자음으로 읽은 이름.

우리 선생님은 東京(동경)에서 유학하셨대.

대표 한자어 11

시 외

市	外
저자 시	바깥 외

뜻 도시의 밖.

市外(시외)는 시내와 달리 공기가 맑고 깨끗해.

1 다음 문장의 내용이 맞으면 '예', 틀리면 '아니요'에 ○표 하세요.

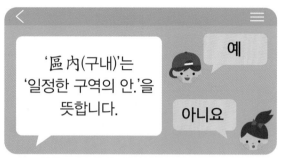

'區內(구내)'는 '일정한 구역의 안.'을 뜻합니다.

예
아니요

Tip

'區內'의 '區'는 '구분하다'를 뜻하고, ▢ (이)라고 읽습니다.

답 구

2 다음 뜻에 해당하는 한자어를 찾아 ∨표 하세요.

○○군민 체육대회

☐ 市外
☐ 郡民

군(郡)에 사는 사람.

Tip

'郡'은 ▢ 을/를 뜻하고, '군'이라고 읽습니다.

답 고을

3 다음 뜻에 해당하는 한자어를 찾아 선으로 이으세요.

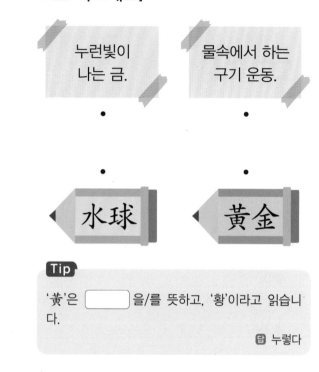

누런빛이 나는 금.

물속에서 하는 구기 운동.

水球

黃金

Tip

'黃'은 ▢ 을/를 뜻하고, '황'이라고 읽습니다.

답 누렇다

4 다음 설명에 해당하는 한자어를 찾아 ○표 하세요.

설명

파랑과 노랑의 중간색.

綠色

成形

Tip

'綠'은 ▢ 을/를 뜻하고, '록' 또는 '녹'이라고 읽습니다.

답 푸르다

5 다음 뜻에 해당하는 한자어를 찾아 ○표 하세요.

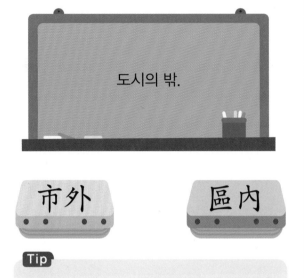

도시의 밖.

市外   區內

Tip

'市外'의 '市'는 [　　　]을/를 뜻하는 한자입니다.

답 저자(시장)

6 '東京(동경)'의 뜻을 바르게 설명한 것에 ○표 하세요.

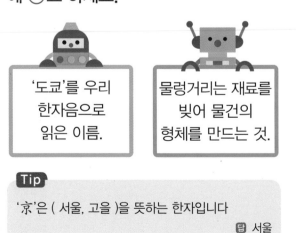

'도쿄'를 우리 한자음으로 읽은 이름.

물렁거리는 재료를 빚어 물건의 형체를 만드는 것.

Tip

'京'은 (서울, 고을)을 뜻하는 한자입니다

답 서울

7 다음 낱말 퍼즐을 푸세요.

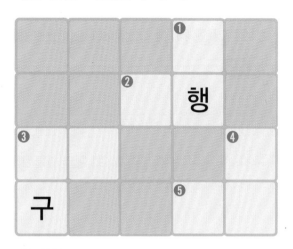

가로 열쇠

❷ 예금을 받아 관리하는 금융기관.
❸ 꺾이거나 굽은 데가 없는 곧은 선.
❺ 사람과 차 등이 잘 다닐 수 있도록 만들어 놓은 길.

세로 열쇠

❶ 급히 감. 운행 속도가 빠른 열차.
❸ 야구에서, 투수가 변화를 주지 않고 직선같이 곧게 던지는 공.
❹ 통하여 다니는 길.

Tip

'路'는 '길'을 뜻하고, [　　　](이)라고 읽습니다.

답 로

전략 1 한자어의 음(소리) 쓰기

다음 밑줄 친 漢字語한자어의 讀音(독음: 읽는 소리)을 쓰세요.

> 보기
>
> 畫夜 ➡ 주야

• 산과 들이 연한 **綠色** 빛으로 물들었습니다. ➡ (   )

답 녹색

필수 예제 01

다음 밑줄 친 漢字語한자어의 讀音(독음: 읽는 소리)을 쓰세요.

> 보기
>
> 古今 ➡ 고금

(1) 백화점의 동관과 서관은 **通路**로 연결 되어 있습니다. ➡ (   )

(2) 그 도시의 길은 **直線**으로 길게 뻗어 있습니다. ➡ (   )

(3) **銀行**에 갔더니 기다리는 사람이 너무 많아 돌아왔습니다.
➡ (   )

(4) 체육 시간에 **水球** 경기에 대한 규칙을 배웠습니다. ➡ (   )

> 문장을 읽으며 한자어의 음(소리)이 무엇일지 생각해 봅니다.

64 한자 전략

전략 2 한자의 뜻과 음(소리) 쓰기

다음 漢字_{한자}의 訓(훈: 뜻)과 音(음: 소리)을 쓰세요.

> 보기
>
> 朝 ➡ 아침 **조**

• 黃 ➡ (   )

답 **누를 황**

필수 예제 02

다음 漢字_{한자}의 訓(훈: 뜻)과 音(음: 소리)을 쓰세요.

> 보기
>
> 太 ➡ 클 **태**

(1) 京 ➡ (   )

(3) 銀 ➡ (   )

(2) 郡 ➡ (   )

(4) 綠 ➡ (   )

> 한자의 뜻과 음(소리)은
> 반드시 함께
> 알아 두어야 합니다.

전략 3 제시된 뜻에 맞는 한자어 찾기

다음 뜻에 맞는 漢字語한자어를 보기 에서 찾아 그 번호를 쓰세요.

보기

① 通路   ② 市外   ③ 直線   ④ 郡民

• 통하여 다니는 길. ➡ (   )

답 ①

필수 예제 03

다음 뜻에 맞는 漢字語한자어를 보기 에서 찾아 그 번호를 쓰세요.

보기

① 銀行   ② 黃金   ③ 綠色   ④ 直球

(1) 예금을 받아 관리하는 금융기관.
       ➡ (   )

(2) 야구에서, 투수가 변화를 주지 않고 직선같이 곧게 던지는 공.
       ➡ (   )

(3) 파랑과 노랑의 중간색. 초록색.
       ➡ (   )

(4) 누런 빛이 나는 금.
       ➡ (   )

한자어의 뜻이 생각나지 않을 때는 한자의 뜻을 조합하여 문제를 풀어 봅니다.

전략 4 제시된 한자와 음(소리)은 같고 뜻이 다른 한자 찾기

다음에서 음(소리)은 같으나 뜻이 다른 漢字한자를 찾아 번호를 쓰세요.

• 區: ① 線　　② 口　　③ 直　　④ 郡 ➡ (　　　　　)

필수 예제 04

다음에서 음(소리)은 같으나 뜻이 다른 漢字한자를 찾아 번호를 쓰세요.

⑴ 路: ① 老　　② 郡　　③ 通　　④ 形 ➡ (　　　　　)

⑵ 道: ① 色　　② 路　　③ 圖　　④ 行 ➡ (　　　　　)

⑶ 市: ① 京　　② 道　　③ 形　　④ 始 ➡ (　　　　　)

⑷ 行: ① 銀　　② 黃　　③ 幸　　④ 道 ➡ (　　　　　)

한자의 뜻과 음(소리)을
정확하게 구분하여
알아 두어야 합니다.

[한자어의 음(소리) 쓰기]

1 다음 밑줄 친 漢字語한자어의 讀音(독음: 읽는 소리)을 쓰세요.

박물관에서 <u>黃金</u>으로
장식한 왕관을 보았습니다.

➡ (   )

Tip
'黃'은 '누렇다'를 뜻하고, '황'이라고 읽습니다.

[한자어의 음(소리) 쓰기]

2 다음 밑줄 친 漢字語한자어의 讀音(독음: 읽는 소리)을 쓰세요.

<u>道路</u>를 넓히는
공사를 하고 있습니다.

➡ (   )

Tip
'路'는 '길'을 뜻하고, '로' 또는 '노'라고 읽습니다.

[한자의 뜻과 음(소리) 쓰기]

3 다음 漢字한자의 訓(훈: 뜻)과 音(음: 소리)을 쓰세요.

> 보기
>
> 光 ➡ 빛 광

• 通 ➡ (   )

Tip
'通'은 '통하다'를 뜻하는 한자입니다.

[제시된 한자와 뜻이 비슷한 한자 찾기]

4 다음 漢字한자와 뜻이 비슷한 漢字한자를 찾아 번호를 쓰세요.

• 色 : ① 京 ② 光 ③ 區 ④ 路 ➡ (   )

Tip
'色'은 '빛'을 뜻하고, '색'이라고 읽습니다.

5 [제시된 한자와 뜻이 비슷한 한자 찾기]

다음 漢字^{한자}와 뜻이 비슷한 漢字^{한자}를 찾아 번호를 쓰세요.

Tip
'路'는 '길'을 뜻하는 한자입니다.

• 路: ① 行 ② 道 ③ 色 ④ 郡 → (   )

6 [제시된 한자와 음(소리)은 같고 뜻이 다른 한자 찾기]

다음에서 음(소리)은 같으나 뜻이 다른 漢字^{한자}를 찾아 번호를 쓰세요.

Tip
'郡'은 '고을'을 뜻하고, '군'이라고 읽습니다.

• 郡: ① 銀 ② 形 ③ 球 ④ 軍 → (   )

7 [제시된 뜻에 맞는 한자어 찾기]

다음 뜻에 맞는 漢字語^{한자어}를 보기 에서 찾아 그 번호를 쓰세요.

Tip
'直線'의 '直'은 '곧다'를 뜻하는 한자입니다.

보기
> ① 直線   ② 市外   ③ 急行   ④ 郡民

• 꺾이거나 굽은 데가 없는 곧은 선. → (   )

8 [제시된 뜻에 맞는 한자어 찾기]

다음 뜻에 맞는 漢字語^{한자어}를 보기 에서 찾아 그 번호를 쓰세요.

Tip
'成形'의 '形'은 '모양'을 뜻하는 한자입니다.

보기
> ① 東京   ② 成形   ③ 區內   ④ 水球

• 진흙이나 유리와 같이 물렁거리는 재료를 빚어 물건의 형체를 만드는 것.   → (   )

01 다음 ☐ 안에 들어갈 한자에 ○표 하세요.

횡단보도에서는 반드시 ☐色 등이 켜진 후에 길을 건너야 합니다.

綠   線

02 다음 한자의 뜻과 음(소리)을 쓰세요.

銀

03 다음 밑줄 친 한자어의 음(소리)을 쓰세요.

저녁에 텔레비전에서 _水球_ 경기 를 보았습니다.

➡ (   )

04 다음 ☐ 안에 들어갈 한자를 보기 에 서 찾아 그 번호를 쓰세요.

보기
① 路   ② 區   ③ 郡

• 道☐ : 사람과 차 등이 잘 다닐 수 있 도록 만들어 놓은 길.

➡ (   )

05 다음 뜻과 음(소리)에 해당하는 한자 를 보기 에서 찾아 그 번호를 쓰세요.

보기
① 黃   ② 通   ③ 京

• 통할 통 ➡ (   )

06 다음 에 해당하는 한자어를 찾아 ○표 하세요.

> **설명**
> 야구에서, 투수가 변화를 주지 않고 직선같이 곧게 던지는 공.

 直球

 直線

07 다음 한자의 뜻으로 알맞은 것을 에서 찾아 그 번호를 쓰세요.

> **보기**
> ① 누렇다 ② 구분하다 ③ 곧다

• 黃 → (   )

08 다음 뜻에 해당하는 한자어를 에서 찾아 그 번호를 쓰세요.

> **보기**
> ① 郡民 ② 市外 ③ 急行

• 급히 감. 운행 속도가 빠른 열차.
→ (   )

09 다음 밑줄 친 낱말에 해당하는 한자어를 에서 찾아 그 번호를 쓰세요.

> **보기**
> ① 區內 ② 東京 ③ 成形

• 우리 형은 <u>동경</u>에서 유학했습니다.
→ (   )

10 다음 와 같이 한자의 뜻과 음(소리)을 쓰세요.

> **보기**
> 太 → 클 태

• 行 → (,   )

1 위 대화를 읽고, 다음 한자어의 음(소리)을 쓰세요.

(1) 道路의 음(소리) ➡ (   ) (2) 綠色의 음(소리) ➡ (   )

창의 융합

2 위 대화를 읽고, 하람이가 손에 들고 있는 분무기의 색을 한글로 쓰세요.

➡ ( )

1 다음 규칙 에 따라 아래 표를 색칠했을 때 나오는 한자의 뜻과 음(소리)을 쓰세요.

규칙

- 첫 번째 숫자는 항상 흰색의 칸수를 의미합니다.
- 첫 번째 숫자가 '0'이면 검은색 칸으로 시작합니다.
- 숫자 나열 규칙은 '흰색 칸 수, 검은색 칸 수, 흰색 칸 수, 검은색 칸 수……'입니다.

3, 1, 3							
0, 7							
3, 1, 3							
1, 5, 1							
1, 1, 1, 1, 1, 1, 1							
1, 1, 1, 1, 1, 1, 1							
3, 1, 3							
3, 1, 3							

- 한자의 뜻
  ➡ (   )
- 한자의 음(소리)
  ➡ (   )

2 그림 속 ⭘ 로 표시된 부분과 관련이 있는 것을 보기 에서 찾아 그 번호를 쓰세요.

보기

① 道路

② 市

코딩

3 다음 식의 답을 따라가며 도착한 곳에 있는 한자의 뜻과 음(소리)을 쓰세요.

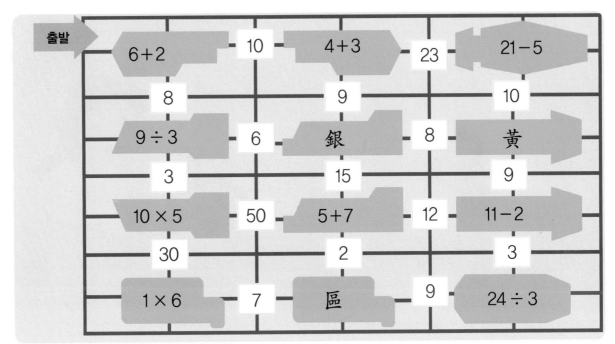

- 한자의 뜻 ➜ (   )
- 한자의 음(소리) ➜ (   )

창의 융합

4 다음 글을 읽고, 글의 내용과 관련이 있는 한자를 보기 에서 찾아 쓰세요.

> 이 색은 파랑과 노랑의 중간색으로, 봄비를 맞은 풀잎을 보면 알 수 있는 색입니다. 산에서도 많이 볼 수 있는 색입니다.

답

보기

綠   黃

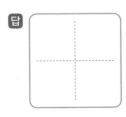

창의 융합
5 다음 그림에서 가장 많이 쓰인 색과 관련이 있는 한자를 찾아 그 번호를 쓰세요.

→ ( )

① 直   ② 球   ③ 黃   ④ 銀

창의 융합
6 한자와 관련이 있는 그림이 바르게 연결된 것을 <u>모두</u> 찾아 ∨표 하세요.

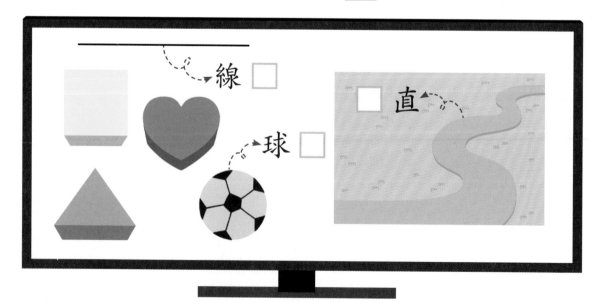

7 다음 규칙을 이용하여 예시와 같이 한자와 음(소리)을 연결하세요.

> **규칙**
> • 선은 수직, 수평으로만 연결할 수 있습니다.
> • 한 칸 안에는 선이 한 번씩만 지나갈 수 있습니다.

京		경	구
		군	
	區		
			郡

8 다음 질문의 답을 자물쇠에 순서대로 ○표 하며 자물쇠를 풀어 보세요.

1. 한자 '通'의 음(소리)은 무엇인가요?
　① 구　　② 통　　③ 군　　④ 시

2. '길'을 뜻하는 한자는 무엇인가요?
　① 色　　② 形　　③ 線　　④ 路

3. '곧은 선'을 뜻하는 한자어는 무엇인가요?
　① 直線　② 道路　③ 成形　④ 直球

4. 한자 '市'와 음(소리)이 같은 한자는 무엇인가요?
　① 道　　② 京　　③ 始　　④ 直

🐻 만화를 보고, 지금까지 배운 한자를 기억해 보세요.

1주 | 시간/자연 한자

畫 夜 朝 夕 古 今 昨 現 溫 度 太 陽 光 明 雪 風

2주 | 색깔/모양/지리 한자

色 綠 黃 銀 形 線 球 直 通 路 行 道 區 郡 京 市

자연 한자

1 다음은 나영이가 엄마에게 쓴 편지입니다. 내용을 읽고, 물음에 답하세요.

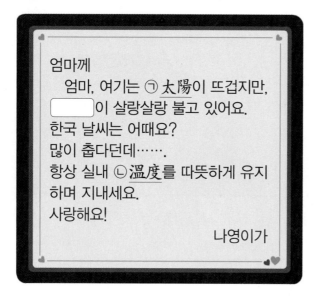

엄마께
　엄마, 여기는 ㉠太陽이 뜨겁지만,
　　　　이 살랑살랑 불고 있어요.
한국 날씨는 어때요?
많이 춥다던데…….
항상 실내 ㉡溫度를 따뜻하게 유지
하며 지내세요.
사랑해요!
　　　　　　　　　나영이가

❶ 나영이의 편지에서 밑줄 친 한자어의 음(소리)을 쓰세요.

• ㉠ 太陽 ➡ (　　　　　　　)

• ㉡ 溫度 ➡ (　　　　　　　)

❷ 다음 빈칸에 들어갈 낱말을 한자로 바르게 나타낸 것에 ○표 하세요.

　　　　이 살랑살랑
불고 있어요.

Tip

한자 '雪'은 ❶　　　　을/를 뜻하고, 한자 '風'은 ❷　　　　을/를 뜻합니다.

답 ❶ 눈 ❷ 바람

시간 한자

2 다음 두 학생의 대화를 읽고, 물음에 답하세요.

나는 요즘 ㉠晝夜로 쉬지 않고 게임을 하는 게 습관이 되어서 고민이야.

㉡古今을 막론하고 나쁜 습관을 고치는 것은 어려운 일이야.

❶ 두 학생의 대화에서 밑줄 친 한자어의 음(소리)을 쓰세요.

• ㉠ 晝夜 ➡ (   )

• ㉡ 古今 ➡ (   )

❷ 다음 그림에서 '晝夜'를 나타내는 것을 모두 찾아 ∨표 하세요.

Tip
'밤과 낮을 아울러 이르는 말.'을 ☐☐(이)라고 합니다.

답 주야

색깔/모양 한자

3 바닷속 물고기 가운데 '물고기의 왕'이 있다고 합니다. 힌트 를 참고하여 다음 물음
에 답하세요.

힌트

물고기의 왕은
황색의 몸통에 ☐色
줄무늬가 있습니다.
그리고 꼬리에 가느다란 線이
있는 것이 특징입니다.
어떤 물고기인지 찾으셨나요?

❶ 힌트 의 ☐ 안에 들어갈 알맞은 한자를 보기 에서 찾아 그 번호를 쓰세요.

보기
① 綠   ② 銀   ③ 黃

• ☐色 ➡ (   )

❷ 한자 '線'의 알맞은 음(소리)을 쓰고, 물고기의 왕을 찾아 ○표 하세요.

• 線 ➡ (   )

• 물고기의 왕은 (,   ,   )입니다.

Tip
한자 '綠'은 ❶ [   ] 을/를 뜻하고, 한자 '線'은 ❷ [   ] 을/를 뜻합니다.

답 ❶ 푸르다 ❷ 줄

지리 한자

4 다음 우주네 마을을 보고, 물음에 답하세요.

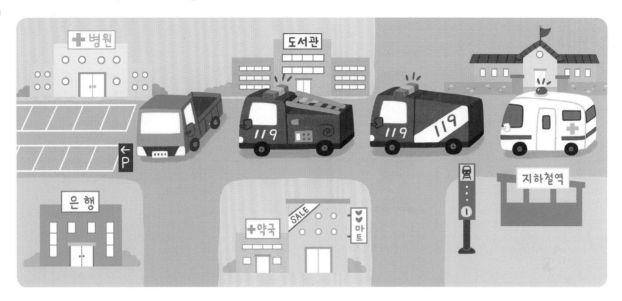

① 다음 ☐ 안에 공통으로 들어갈 말을 한자로 바르게 나타낸 것을 찾아 ∨표 하세요.

> • 아빠: 트럭 한 대가 주차장 통☐을/를 막고 서 있어요.
>
> • 우주: 소방차는 통☐이/가 좁으면 갈 수 없어요.
>
> • 엄마: 꼭 막힌 도☐에서도 소방차가 삐뽀삐뽀 소리를 내면 길을 비켜줘야 해요.

☐ 路

☐ 行

② 소방차는 어디가 좁으면 갈 수 없는지 알맞은 한자어를 보기 에서 찾아 쓰세요.

보기

通路　　通行

답 ☐ ☐

Tip

'통하여 다니는 길.'을 ☐(이)라고 합니다.

답 통로

[문제 01~02] 다음 밑줄 친 漢字語한자어의 讀音(독음: 읽는 소리)을 쓰세요.

올해 여름은 태양이 강렬하게 내리쬐어 01 晝夜로 평균 02 溫度가 작년보다 아주 높게 올라갔습니다.

01 晝夜 → (   )

02 溫度 → (   )

[문제 03~04] 다음 漢字한자의 訓(훈: 뜻)과 音(음: 소리)을 쓰세요.

03

太

→ (   )

04

現

→ (   )

[문제 05~06] 다음 漢字_{한자}와 뜻이 반대 또는 상대되는 漢字_{한자}를 골라 그 번호를 쓰세요.

05 畫:① 今 ② 夜 ③ 朝 ④ 古
   ➡ (   )

06 夕:① 朝 ② 光 ③ 度 ④ 昨
   ➡ (   )

[문제 07~08] 다음 중 소리는 같으나 뜻이 다른 漢字_{한자}를 골라 그 번호를 쓰세요.

07 明:① 溫 ② 陽 ③ 名 ④ 昨
   ➡ (   )

08 古:① 太 ② 風 ③ 雪 ④ 高
   ➡ (   )

[문제 09~10] 다음 성어의 (   ) 안에 알맞은 漢字한자를 보기에서 찾아 그 번호를 쓰세요.

보기
① 夕   ② 朝
③ 雪   ④ 明

09 一(   )一夕 : '하루의 아침과 하루의 저녁'이라는 뜻으로, 짧은 시일을 이르는 말.
→ (   )

10 淸風(   )月 : 맑은 바람과 밝은 달.
→ (   )

[문제 11~12] 다음 뜻에 맞는 漢字語한자어를 보기에서 찾아 그 번호를 쓰세요.

보기
① 溫度   ② 白雪
③ 夜光   ④ 古今

11 어둠 속에서 빛을 냄. 또는 그런 물건.
→ (   )

12 하얀 눈.   → (   )

▶정답 10쪽

[문제 13~14] 다음 밑줄 친 漢字語한자어를 漢字한자로 쓰세요.

 보기

칠월 → 七月

13 4시까지 학교 <u>정문</u> 앞으로 나오세요.
→ ( )

14 친구의 아버지는 의사 <u>선생</u>님이십니다.
→ ( )

[문제 15~16] 다음 漢字한자의 짙게 표시한 획은 몇 번째 쓰는 획인지 보기 에서 골라 그 번호를 쓰세요.

보기

① 네 번째　　② 다섯 번째
③ 여섯 번째　　④ 일곱 번째

15 畫
( )

16 陽
( )

[문제 01~02] 다음 밑줄 친 漢字語한자어의 讀音(독음: 읽는 소리)을 쓰세요.

앞에 보이는 01 <u>通路</u>를 빠져나갔더니 02 <u>黃金</u>이 가득 쌓여 있었습니다.

01 通路 → (   )

02 黃金 → (   )

[문제 03~04] 다음 漢字한자의 訓(훈: 뜻)과 音(음: 소리)을 쓰세요.

03  銀

→ (   )

04 線

→ (   )

[문제 05~06] 다음 漢字한자와 뜻이 같거나 비슷한 漢字한자를 골라 그 번호를 쓰세요.

05 道 : ① 路 ② 形 ③ 市 ④ 行
→ (   )

[문제 07~08] 다음 중 소리는 같으나 뜻이 다른 漢字한자를 골라 그 번호를 쓰세요.

07 球 : ① 黃 ② 銀 ③ 郡 ④ 區
→ (   )

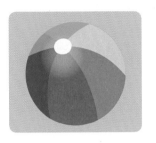

06 色 : ① 區 ② 京 ③ 光 ④ 黃
→ (   )

08 路 : ① 郡 ② 老 ③ 綠 ④ 直
→ (   )

[문제 09~10] 다음 성어의 (　) 안에 알맞은 漢字한자를 보기 에서 찾아 그 번호를 쓰세요.

보기

① 色　　② 綠
③ 球　　④ 通

09 草(　)同色: '풀빛과 <u>녹색</u>은 같은 빛깔'이란 뜻으로, 같은 처지의 사람과 어울리는 것.

→ (　　　　　)

10 形形(　)色: 형상과 <u>빛깔</u> 등이 서로 다른 여러 가지.

→ (　　　　　)

[문제 11~12] 다음 뜻에 맞는 漢字語한자어를 보기 에서 찾아 그 번호를 쓰세요.

보기

① 急行　　② 水球
③ 銀行　　④ 綠色

11 예금을 받아 관리하는 금융기관.

→ (　　　　　)

12 파랑과 노랑의 중간색. 초록색.

→ (　　　　　)

[문제 13~14] 다음 밑줄 친 漢字語^{한자어}를 漢字^{한자}로 쓰세요.

보기

정문 ➡ 正門

13 형제끼리 사이가 좋습니다.
➡ (   )

14 이모의 취미는 화초 가꾸기입니다.
➡ (   )

[문제 15~16] 다음 漢字^{한자}의 짙게 표시한 획은 몇 번째 쓰는 획인지 보기 에서 골라 그 번호를 쓰세요.

보기

① 여덟 번째   ② 아홉 번째
③ 열 번째   ④ 열한 번째

15

(   )

16

(   )

선 행

| 착할 선 | 다닐 행 | 항렬 항 |

선생님께서 善行(선행)을 베푼 학생에게 표창장을 주셨습니다.

뜻 착하고 어진 행실.

심화 한자 1 | 부수 口 | 총 12획

善
착할 선

'선하다'라는 뜻의 한자예요. '훌륭한 말'이 '좋다'를 의미하면서 지금의 뜻이 되었어요.

| 善 착할 선 | 善 착할 선 | | |

쓰는 순서 ` 丷 丷 艹 艹 羊 羊 羊 盖 善 善 善

태 초

| 클 태 | 처음 초 |

우주는 太初(태초)부터 존재해왔기에 더욱더 신비롭습니다.

뜻 하늘과 땅이 생겨난 맨 처음.

심화 한자 2 | 부수 刀 | 총 7획

初
처음 초

'처음'이나 '시작'이라는 뜻을 가진 한자예요. 옷[衤]을 만들려면 처음에 칼[刀]로 옷감을 자르는 데에서 '처음'을 뜻하게 되었어요.

| 初 처음 초 | 初 처음 초 | | |

쓰는 순서 ` 亅 礻 礻 衤 初 初

흑 색

黑	色
검을 흑	빛 색

방 안의 불을 끄자 사방이 온통 黑色(흑색)이 되었습니다.

뜻 숯이나 먹의 빛깔과 같이 어둡고 짙은 색.

심화 한자 **3** 부수 黑 | 총 12획

黑
검을 흑

'검다'라는 뜻을 가진 한자예요. 위쪽은 까맣게 거슬린 굴뚝, 아래쪽은 불길이 오르는 모양에서 '검다'라는 뜻을 나타내게 되었어요.

黑	黑		
검을 흑	검을 흑		

쓰는 순서 `丶 冂 冂 冂 口 罒 甲 里 黑 黑 黑 黑`

탁 구

卓	球
높을 탁	공 구

친구와 나는 쉬는 시간마다 卓球(탁구)를 하며 놉니다.

뜻 탁자 위에 네트를 치고 라켓으로 공을 쳐 승부를 겨루는 종목.

심화 한자 **4** 부수 刀 | 총 7획

卓
높을 탁

'높다'나 '멀다'라는 뜻을 가진 한자예요. 다른 것보다 높이 있는 것을 나타내며 '탁자'를 뜻하기도 해요.

卓	卓		
높을 탁	높을 탁		

쓰는 순서 `丶 十 广 广 卢 卢 卓 卓`

교과 학습 한자어 │ **05** │

곡 선

굽을 곡 │ 줄 선

주가 그래프가 하향 曲線(곡선)을 그리고 있습니다.

뜻 모나지 아니하고 부드럽게 굽은 선.

심화 한자 **5** 부수 曰 │ 총 6획

曲
굽을 곡

'굽다'나 '바르지 않다'라는 뜻을 가진 한자예요. 나무나 대나무를 구부려 만든 그릇을 본떠 '굽다'라는 뜻을 나타내게 되었어요.

굽을 곡	굽을 곡		

쓰는 순서 ` ` ` ⺧ 羊 羊 羔 盖 善 善 善

교과 학습 한자어 │ **06** │

철 도

쇠 철 │ 길 도

기차가 鐵道(철도) 위를 바르게 달리고 있습니다.

뜻 쇠바퀴가 구를 수 있도록 철제 궤도를 깔아 만든 길.

심화 한자 **6** 부수 金 │ 총 21획

鐵
쇠 철

'철'이나 '무기'라는 뜻을 가진 한자예요. 큰 창의 소재가 되는 '쇠'를 뜻해요.

쇠 철	쇠 철		

쓰는 순서  ノ ト ⺁ 乍 乍 牟 余 金 金 釒 鈝 鉮 鉮 鉮 鏰 鐼 鐵 鐵 鐵

1 다음 문장의 내용이 맞으면 '예', 틀리면 '아니요'에 ○표 하세요.

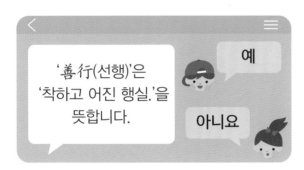

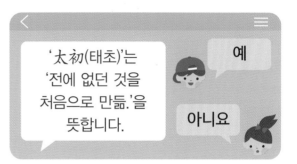

2 다음 뜻에 해당하는 한자어를 찾아 선으로 이으세요.

탁자 위에 네트를 치
고 라켓으로 공을 쳐
승부를 겨루는 종목.

·

· ◀ 黑色

숯이나 먹의
빛깔과 같이 어둡고
짙은 색.

·

· ◀ 卓球

3 다음 뜻에 해당하는 한자어를 찾아 ○표 하세요.

모나지 아니하고
부드럽게 굽은 선.

直線   曲線

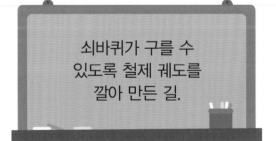

쇠바퀴가 구를 수
있도록 철제 궤도를
깔아 만든 길.

鐵道   水道

전편을 모두 공부하느라
수고 많았어요!

쑥쑥 오른 한자 실력으로
어려운 문제도 척척 풀 수 있을 거예요.

이제는 후편을 공부하며
차근차근 한자 실력을 길러 볼까요?

어떤 한자가 우리를 기다리고 있을지
준비, 출발!

한자
전략

5단계 A 6급 ①

후편

이 책의 차례

6급 배정 한자 총 300자

ㄱ							
家	歌	各	角	間	感	強	江
집 가	노래 가	각각 각	뿔 각	사이 간	느낄 감	강할 강	강 강
開	車	京	計	界	高	苦	古
열 개	수레 거|수레 차	서울 경	셀 계	지경 계	높을 고	쓸 고	예 고
功	公	空	工	共	科	果	光
공 공	공평할 공	빌 공	장인 공	한가지 공	과목 과	실과 과	빛 광
交	教	校	球	區	九	口	國
사귈 교	가르칠 교	학교 교	공 구	구분할/지경 구	아홉 구	입 구	나라 국
郡	軍	根	近	今	金	急	級
고을 군	군사 군	뿌리 근	가까울 근	이제 금	쇠 금|성 김	급할 급	등급 급
旗	記	氣	男	南	內	女	年
기 기	기록할 기	기운 기	사내 남	남녘 남	안 내	여자 녀	해 년
農	多	短	答	堂	代	對	待
농사 농	많을 다	짧을 단	대답 답	집 당	대신할 대	대할 대	기다릴 대
大	圖	道	度	讀	冬	洞	東
큰 대	그림 도	길 도	법도 도|헤아릴 탁	읽을 독|구절 두	겨울 동	골 동|밝을 통	동녘 동
童	動	同	頭	等	登	樂	來
아이 동	움직일 동	한가지 동	머리 두	무리 등	오를 등	즐길 락|노래 악|좋아할 요	올 래
力	例	禮	路	老	綠	六	理
힘 력	법식 례	예도 례	길 로	늙을 로	푸를 록	여섯 륙	다스릴 리

里	李	利	林	立	萬	每	面
마을 리	오얏/성 리	이할 리	수풀 림	설 립	일만 만	매양 매	낯 면
命	明	名	母	目	木	文	聞
목숨 명	밝을 명	이름 명	어머니 모	눈 목	나무 목	글월 문	들을 문
門	問	物	米	美	民	朴	班
문 문	물을 문	물건 물	쌀 미	아름다울 미	백성 민	성 박	나눌 반
反	半	發	放	方	百	白	番
돌이킬/돌아올 반	반 반	필 발	놓을 방	모 방	일백 백	흰 백	차례 번
別	病	服	本	部	夫	父	北
다를/나눌 별	병 병	옷 복	근본 본	떼 부	지아비 부	아버지 부	북녘 북/달아날 배
分	不	四	社	事	死	使	算
나눌 분	아닐 불	넉 사	모일 사	일 사	죽을 사	하여금/부릴 사	셈 산
山	三	上	色	生	書	西	石
메 산	석 삼	윗 상	빛 색	날 생	글 서	서녘 서	돌 석
席	夕	先	線	雪	省	姓	成
자리 석	저녁 석	먼저 선	줄 선	눈 설	살필 성/덜 생	성 성	이룰 성
世	所	消	小	少	速	孫	樹
인간 세	바 소	사라질 소	작을 소	적을 소	빠를 속	손자 손	나무 수
手	數	水	術	習	勝	時	始
손 수	셈 수	물 수	재주 술	익힐 습	이길 승	때 시	비로소 시

市 저자 시	食 밥/먹을 식	式 법 식	植 심을 식	神 귀신 신	身 몸 신	信 믿을 신	新 새 신
失 잃을 실	室 집 실	心 마음 심	十 열 십	安 편안 안	愛 사랑 애	夜 밤 야	野 들 야
藥 약 약	弱 약할 약	陽 볕 양	洋 큰바다 양	語 말씀 어	言 말씀 언	業 업 업	然 그럴 연
永 길 영	英 꽃부리 영	午 낮 오	五 다섯 오	溫 따뜻할 온	王 임금 왕	外 바깥 외	勇 날랠 용
用 쓸 용	右 오를/오른(쪽) 우	運 옮길 운	園 동산 원	遠 멀 원	月 달 월	油 기름 유	由 말미암을 유
有 있을 유	育 기를 육	銀 은 은	飮 마실 음	音 소리 음	邑 고을 읍	意 뜻 의	衣 옷 의
醫 의원 의	二 두 이	人 사람 인	一 한 일	日 날 일	入 들 입	字 글자 자	者 사람 자
自 스스로 자	子 아들 자	昨 어제 작	作 지을 작	章 글 장	長 긴 장	場 마당 장	在 있을 재
才 재주 재	電 번개 전	戰 싸움 전	前 앞 전	全 온전 전	庭 뜰 정	正 바를 정	定 정할 정
弟 아우 제	題 제목 제	第 차례 제	朝 아침 조	祖 할아버지 조	族 겨레 족	足 발 족	左 왼 좌

晝	注	主	住	中	重	地	紙
낮 주	부을 주	임금/주인 주	살 주	가운데 중	무거울 중	땅 지	종이 지
直	集	窓	川	千	天	淸	靑
곧을 직	모을 집	창 창	내 천	일천 천	하늘 천	맑을 청	푸를 청
體	草	寸	村	秋	春	出	親
몸 체	풀 초	마디 촌	마을 촌	가을 추	봄 춘	날 출	친할 친
七	太	土	通	特	八	便	平
일곱 칠	클 태	흙 토	통할 통	특별할 특	여덟 팔	편할 편|똥오줌 변	평평할 평
表	風	下	夏	學	韓	漢	合
겉 표	바람 풍	아래 하	여름 하	배울 학	한국/나라 한	한수/한나라 한	합할 합
海	行	幸	向	現	形	兄	號
바다 해	다닐 행|항렬 항	다행 행	향할 향	나타날 현	모양 형	형 형	이름 호
畵	花	話	火	和	活	黃	會
그림 화|그을 획	꽃 화	말씀 화	불 화	화할 화	살 활	누를 황	모일 회
孝	後	訓	休				
효도 효	뒤 후	가르칠 훈	쉴 휴				

환경/등급 한자

❶ 園 동산 **원**　❷ 樹 나무 **수**　❸ 果 실과 **과**　❹ 庭 뜰 **정**　❺ 野 들 **야**　❻ 石 돌 **석**

❼ 洋 큰바다 **양**　❽ 油 기름 **유**　❾ 等 무리 **등**　❿ 級 등급 **급**　⓫ 番 차례 **번**　⓬ 號 이름 **호**

⓭ 第 차례 **제**　⓮ 席 자리 **석**　⓯ 上 윗 **상**　⓰ 下 아래 **하**

점선 위로 겹쳐서 한자를 써 보세요.

연한 글씨 위로 겹쳐서 한자를 따라 써 보세요.

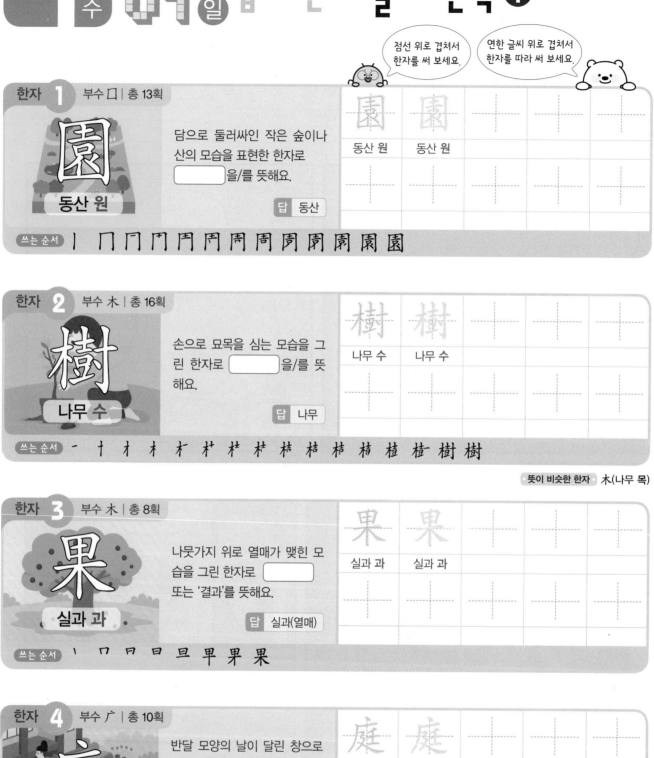

한자 1 부수 口 | 총 13획

園
동산 원

담으로 둘러싸인 작은 숲이나 산의 모습을 표현한 한자로 ☐을/를 뜻해요.

답 동산

園 / 동산 원
園 / 동산 원

쓰는 순서 丨 冂 冂 冂 冃 周 周 周 周 園 園 園 園

한자 2 부수 木 | 총 16획

樹
나무 수

손으로 묘목을 심는 모습을 그린 한자로 ☐을/를 뜻해요.

답 나무

樹 / 나무 수
樹 / 나무 수

쓰는 순서 一 十 才 木 木 杧 杧 杧 桔 桔 桔 桔 桔 桔 樹 樹

뜻이 비슷한 한자 木(나무 목)

한자 3 부수 木 | 총 8획

果
실과 과

나뭇가지 위로 열매가 맺힌 모습을 그린 한자로 ☐ 또는 '결과'를 뜻해요.

답 실과(열매)

果 / 실과 과
果 / 실과 과

쓰는 순서 丨 冂 口 日 旦 甲 果 果

한자 4 부수 广 | 총 10획

庭
뜰 정

반달 모양의 날이 달린 창으로 다른 나라를 평정했다는 의미에서 ☐을/를 뜻하게 되었어요.

답 뜰

庭 / 뜰 정
庭 / 뜰 정

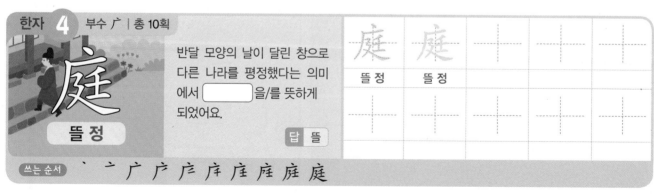

쓰는 순서 丶 亠 广 广 庀 庄 庄 庭 庭 庭

1 다음 그림을 보고 해당하는 한자의 뜻과 음(소리)을 쓰세요.

樹

果

2 다음 음(소리)이 바르게 연결된 한자에 모두 ○표 하세요.

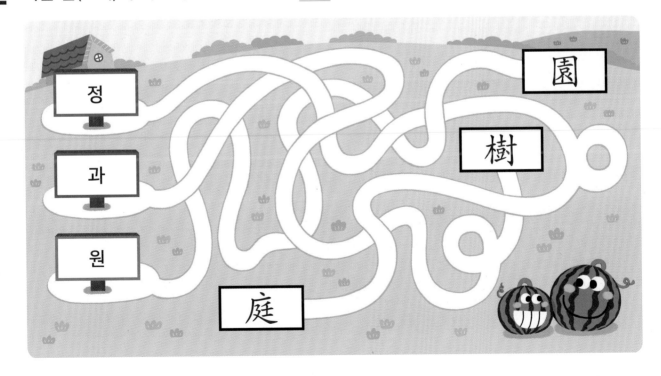

정

과

원

園

樹

庭

점선 위로 겹쳐서 한자를 써 보세요.

연한 글씨 위로 겹쳐서 한자를 따라 써 보세요.

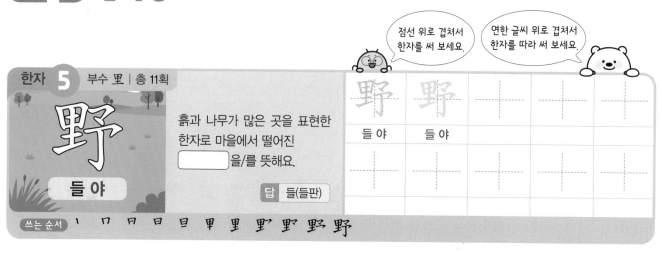

한자 5 · 부수 里 | 총 11획

野
들 야

흙과 나무가 많은 곳을 표현한 한자로 마을에서 떨어진 ☐을/를 뜻해요.

답 들(들판)

野 / 野
들 야 / 들 야

쓰는 순서 ㅣ 冂 日 日 旦 甲 里 里' 里' 野' 野

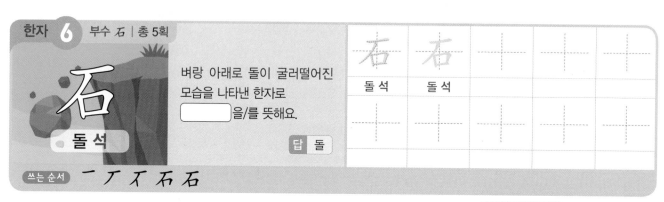

한자 6 · 부수 石 | 총 5획

石
돌 석

벼랑 아래로 돌이 굴러떨어진 모습을 나타낸 한자로 ☐을/를 뜻해요.

답 돌

石 / 石
돌 석 / 돌 석

쓰는 순서 一 ㄱ 丆 石 石

◦ 모양이 비슷한 한자 ◦ 右(오를/오른(쪽) 우)

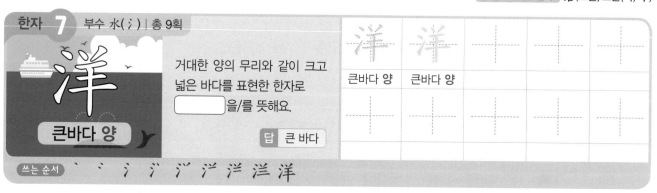

한자 7 · 부수 水(氵) | 총 9획

洋
큰바다 양

거대한 양의 무리와 같이 크고 넓은 바다를 표현한 한자로 ☐을/를 뜻해요.

답 큰 바다

洋 / 洋
큰바다 양 / 큰바다 양

쓰는 순서 丶 丶 氵 氵 汁 沣 洋 洋 洋

한자 8 · 부수 水(氵) | 총 8획

油
기름 유

항아리에 담긴 액체를 표현한 한자로 ☐을/를 뜻해요.

답 기름

油 / 油
기름 유 / 기름 유

쓰는 순서 丶 丶 氵 氵 汩 沺 油 油

3 아이들에게 미션 으로 주어진 뜻에 알맞은 한자를 선으로 이으세요.

미션

들

기름

큰 바다

油   洋   野

4 옷에 적힌 한자와 결승점의 뜻과 음(소리)이 맞는 아이를 <u>모두</u> 찾아 ○표 하세요.

石   洋   油   野

돌 석   들 야   기름 유   큰바다 양

1 다음 한자의 뜻과 음(소리)으로 알맞은 것을 찾아 선으로 이으세요.

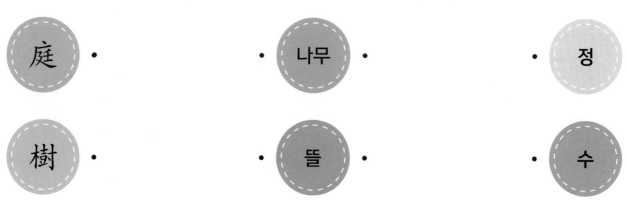

庭 ·   · 나무 ·   · 정

樹 ·   · 뜰 ·   · 수

2 다음 문장의 내용이 맞으면 '예', 틀리면 '아니요'에 ○표 하세요.

'果'의 뜻과 음(소리)은 '실과 과'입니다.   예   아니요

'園'의 뜻과 음(소리)은 '기름 유'입니다.   예   아니요

3 다음 그림에 해당하는 한자를 찾아 ∨표 하세요.

□ 石   □ 洋

□ 庭   □ 油

4 다음 밑줄 친 낱말에 해당하는 한자를 찾아 ○표 하세요.

이 <u>나무</u>의 이름은 소나무입니다.

 樹   果

5 다음 뜻과 음(소리)에 해당하는 한자를 보기 에서 찾아 그 번호를 쓰세요.

보기

① 野   ② 園   ③ 石   ④ 洋

(1) 들 야 ➡ (   )

(2) 돌 석 ➡ (   )

6 다음 밑줄 친 낱말에 해당하는 한자를 쓰세요.

물과 <u>기름</u>은 섞이지 않는
성질이 있습니다.

답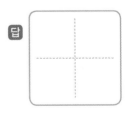

점선 위로 겹쳐서 한자를 써 보세요.

연한 글씨 위로 겹쳐서 한자를 따라 써 보세요.

한자 1 부수 竹(⺮) | 총 12획

等
무리 등

문서를 종류에 따라 분류하는 모습에서 [ ] 또는 '등급'이라는 뜻이 생겼어요.

답 무리

等 | 等
무리 등 | 무리 등

쓰는 순서 ノ ノ ⺮ ⺮ ⺮ ⺮ ⺮ 竺 笁 笁 等 等

한자 2 부수 糸(糹) | 총 10획

級
등급 급

사람이 계단을 오르는 모습을 나타낸 한자로 [ ] 또는 '차례'를 뜻해요.

답 등급

級 | 級
등급 급 | 등급 급

쓰는 순서 ㄥ ㄥ ㄠ 幺 糸 糸 刹 紉 級 級

한자 3 부수 田 | 총 12획

番
차례 번

논밭 위에 차례대로 찍힌 동물의 발자국을 표현한 한자로 [ ]나 '횟수'를 뜻해요.

답 차례

番 | 番
차례 번 | 차례 번

쓰는 순서 ノ ㄜ ㄱ ㄞ 平 平 采 采 番 番 番 番

◦뜻이 비슷한 한자◦ 第(차례 제)

한자 4 부수 虍 | 총 13획

號
이름 호

사람의 성 아래에 붙여 다른 사람과 구별하여 부르는 말을 일컫는 한자로 [ ]을/를 뜻해요.

답 이름

號 | 號
이름 호 | 이름 호

쓰는 순서 ノ 丷 ㄇ ㅁ 므 号 号' 号虍 号虍 虏 虏 號 號 號 약자 号

◦뜻이 비슷한 한자◦ 名(이름 명)

1 다음 한자의 뜻과 음(소리)으로 알맞은 것을 찾아 ○표 하세요.

2 다음 그림의 수건에 쓰여 있는 음(소리)에 해당하는 한자를 찾아 ○표 하세요.

점선 위로 겹쳐서 한자를 써 보세요.

연한 글씨 위로 겹쳐서 한자를 따라 써 보세요.

한자 5 부수 竹(⺮) | 총 11획

第
차례 제

나무에 줄을 차례로 감아놓은 모습에서 [ ]을/를 뜻하게 되었어요.

답 **차례**

第	第			
차례 제	차례 제			

쓰는 순서 ノ ｜ ⺶ ⺮ ⺮ ⺮ ⺮ ⺮ 笞 笋 第 第

○ 모양이 비슷한 한자 ○ 弟(아우 제)　　뜻이 비슷한 한자 番(차례 번)

한자 6 부수 巾 | 총 10획

席
자리 석

자리를 깔고 그 위에 앉는 모습을 표현한 한자로 [ ]을/를 뜻해요.

답 **자리**

席	席			
자리 석	자리 석			

쓰는 순서 ､ 一 广 广 庁 庐 庐 序 席 席

○ 모양이 비슷한 한자 ○ 度(법도 도 | 헤아릴 탁)

한자 7 부수 一 | 총 3획

上
윗 상

머리 위에 있는 하늘을 나타낸 한자로 [ ]을/를 뜻해요.

답 **위**

上	上			
윗 상	윗 상			

쓰는 순서 ｜ ┞ 上

○ 모양이 비슷한 한자 ○ 土(흙 토)　　뜻이 반대인 한자 下(아래 하)

한자 8 부수 一 | 총 3획

下
아래 하

땅 아래를 나타낸 한자로 [ ]을/를 뜻해요.

답 **아래**

下	下			
아래 하	아래 하			

쓰는 순서 一 丅 下

뜻이 반대인 한자 上(윗 상)

---

3 다음 그림 속 한자에 해당하는 뜻과 음(소리)을 보기 에서 찾아 같은 모양으로 표시하세요.

보기

차례 **제**   아래 **하**   자리 **석**

4 옷에 적힌 음(소리)에 해당하는 한자를 보기 에서 찾아 색을 알맞게 칠하세요.

보기

第
席
上
下

1 다음 한자의 뜻과 음(소리)으로 알맞은 것을 찾아 선으로 이으세요.

番 · · 등급 · · 급

級 · · 차례 · · 번

2 다음 문장의 내용이 맞으면 '예', 틀리면 '아니요'에 ○표 하세요.

'席'은 '자리'를 뜻하고, '석'이라고 읽습니다.

예   아니요

3 다음 한자의 뜻과 음(소리)으로 알맞은 것을 찾아 ○표 하세요.

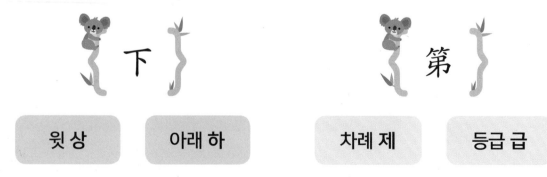

下   第

윗 상   아래 하   차례 제   등급 급

▶정답 12쪽

4 친구들이 들고 있는 한자의 뜻과 음(소리)을 보기 에서 찾아 그 번호를 쓰세요.

보기
① 자리 석　　　　　② 이름 호　　　　　③ 등급 급

5 다음 밑줄 친 음(소리)에 해당하는 한자를 찾아 ∨표 하세요.

선생님께서 번호순으로
한 사람씩 이름을 불렀습니다.

☐ 上　　　　☐ 號

6 다음 한자 카드에 들어갈 한자나 한자의 뜻과 음(소리)을 쓰세요.

무리 등

番

대표 한자어 01

고급 | 高 | 級 |
| 높을 고 | 등급 급 |

뜻 물건이나 시설 따위의 품질이
뛰어나고 값이 비쌈.

등급 | 等 | 級 |
| 무리 등 | 등급 급 |

뜻 높고 낮음이나 좋고
나쁨 따위의 정도를 나눔.

친구에게
高級(고급) 과일을
선물받았어.

등급 특·상·보통

박스에 특, 상, 보통
이라는 等級(등급)이
써 있네.

대표 한자어 02

야구 | 野 | 球 |
| 들 야 | 공 구 |

뜻 9명씩으로 이루어진 두 팀이 9회씩 공격과
수비를 번갈아 하며 승패를 겨루는 구기 경기.

野球(야구)를 보면
기분이 좋아져!

대표 한자어 | 03 |

해 양

海	洋
바다 해	큰바다 양

뜻 넓고 큰 바다.

지구의 海洋(해양) 중 태평양이 가장 넓어.

대표 한자어 | 04 |

석 유

石	油
돌 석	기름 유

뜻 땅속에 묻혀 있는 기름.

중동은 세계적으로 石油(석유)가 많이 나오는 지역이야.

대표 한자어 | 05 |

등 제

登	第
오를 등	차례 제

뜻 과거에 합격하던 일.

조선의 명재상인 이덕형은 20살의 나이에 登第(등제)했어.

대표 한자어 06

번호

番	號
차례 번	이름 호

뜻 차례를 나타내거나 식별하기 위해 붙이는 숫자.

> 은행에서는 番號(번호)표를 뽑은 다음에 차례를 기다려야 해.

OO은행

번호표

5 6

신호

信	號
믿을 신	이름 호

뜻 서로 의사를 주고받기 위해 미리 정해 놓은 일정한 부호와 소리, 몸짓, 색깔, 빛 따위의 표시.

띵동~ 3

> 기다리고 있으면 '띵동'하는 信號(신호)가 울릴 거야.

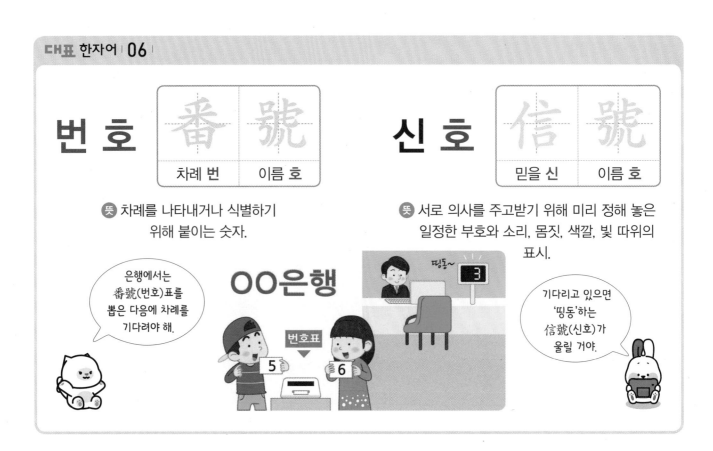

대표 한자어 07

등분

等	分
무리 등	나눌 분

뜻 분량을 똑같이 나눔. 또는 그 분량.

> 피자를 여덟 等分(등분)으로 잘라 친구들과 나누어 먹었어.

대표 한자어 08

출석

出	席
날 출	자리 석

뜻 어떤 자리에 나아가 참석함.

김민호

> 새로 오신 선생님 께서는 出席(출석)을 부르시며 반 친구들의 얼굴을 익히신대.

과수원

果	樹	園
실과 과	나무 수	동산 원

뜻 과실나무를 심은 밭.

정원

庭	園
뜰 정	동산 원

뜻 집 안에 있는 뜰이나 꽃밭.

상 경

上	京
윗 상	서울 경

뜻 지방에서 서울로 감.

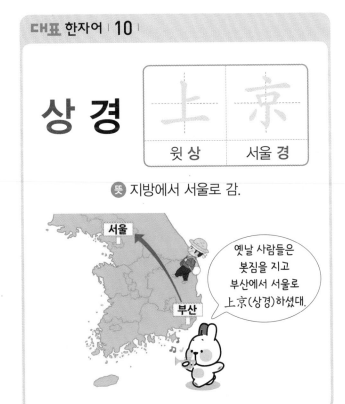

하 교

下	校
아래 하	학교 교

뜻 공부를 끝내고 학교에서 집으로 돌아옴.

1 다음 뜻에 해당하는 한자어를 찾아 ○ 표 하세요.

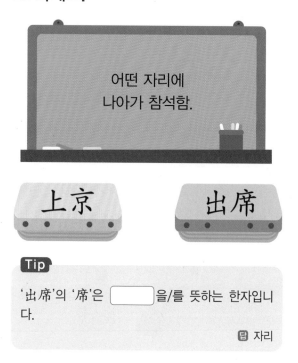

어떤 자리에
나아가 참석함.

上京　　出席

Tip

'出席'의 '席'은 [　　] 을/를 뜻하는 한자입니다.

답 자리

2 다음 뜻에 해당하는 한자어를 찾아 ∨ 표 하세요.

땅속에 묻혀
있는 기름.

□ 石油

□ 下校

Tip

'油'는 '기름'을 뜻하고, [　　] (이)라고 읽습니다.

답 유

3 다음 설명 에 해당하는 한자어를 찾아 ○표 하세요.

설명

집 안에 있는 들이나 꽃밭.

等級　　庭園

Tip

'庭園'의 '庭'은 [　　] 을/를 뜻하는 한자입니다.

답 뜰

4 '登第(등제)'의 뜻을 바르게 설명한 것에 ○표 하세요.

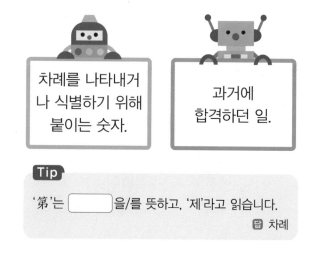

차례를 나타내거
나 식별하기 위해
붙이는 숫자.

과거에
합격하던 일.

Tip

'第'는 [　　] 을/를 뜻하고, '제'라고 읽습니다.

답 차례

5 다음 밑줄 친 한자어의 음(소리)에 해당하는 것을 찾아 ○표 하세요.

사과를 네 <u>等分</u>으로 나누었습니다.

등분   등제

Tip

'等'은 (무리, 차례)을/를 뜻하는 한자입니다.

답 무리

6 다음 그림에 해당하는 한자어를 찾아 선으로 이으세요.

 •

• 野球

 •

• 海洋

Tip

'넓고 큰 ☐.'을/를 뜻하는 한자어는 '海洋'입니다.

답 바다

7 다음 낱말 퍼즐을 푸세요.

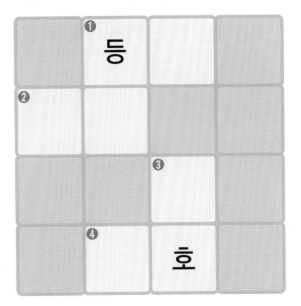

가로 열쇠

❶ 분량을 똑같이 나눔. 또는 그 분량.

❷ 물건이나 시설 따위의 품질이 뛰어나고 값이 비쌈.

❹ 차례를 나타내거나 식별하기 위해 붙이는 숫자.

세로 열쇠

❶ 높고 낮음이나 좋고 나쁨 따위의 정도를 나눔.

❸ 서로 의사를 주고받기 위해 미리 정해 놓은 일정한 부호와 소리, 몸짓, 색깔, 빛 따위의 표시.

Tip

'等級'의 '級'은 '등급'을 뜻하고, ☐(이)라고 읽습니다.

답 급

전략 1 한자어의 음(소리) 쓰기

다음 밑줄 친 漢字語한자어의 讀音(독음: 읽는 소리)을 쓰세요.

> 보기
>
> 道路 → 도로

• 비행기 표는 좌석 **等級**에 따라 그 가격이 달라집니다. → (   )

답 등급

필수 예제 01

다음 밑줄 친 漢字語한자어의 讀音(독음: 읽는 소리)을 쓰세요.

> 보기
>
> 綠色 → 녹색

(1) 봄이 되자 **庭園**에도 꽃이 피기 시작했습니다. → (   )

(3) 바닷속에는 수많은 **海洋** 생물이 살고 있습니다. → (   )

(2) 비가 오는 바람에 **野球** 경기가 취소되었습니다. → (   )

(4) **信號**는 가는데 전화를 받지 않습니다. → (   )

문장을 읽으며
한자어의 음(소리)이
무엇일지 생각해 봅니다.

전략 2 한자의 뜻과 음(소리) 쓰기

다음 漢字한자의 訓(훈: 뜻)과 音(음: 소리)을 쓰세요.

> 보기
>
> 線 ➡ 줄 선

• 石 ➡ (   )

답 돌 석

필수 예제 02

다음 漢字한자의 訓(훈: 뜻)과 音(음: 소리)을 쓰세요.

> 보기
>
> 郡 ➡ 고을 군

(1) 園 ➡ (   )   (3) 果 ➡ (   )

(2) 番 ➡ (   )   (4) 第 ➡ (   )

> 한자의 뜻과 음(소리)은
> 반드시 함께
> 알아 두어야 합니다.

전략 **3** 제시된 뜻에 맞는 한자어 찾기

다음 뜻에 맞는 漢字語한자어를 보기 에서 찾아 그 번호를 쓰세요.

보기

① 石油   ② 番號   ③ 果樹園   ④ 庭園

• 과실나무를 심은 밭. ➡ (   )

답 ③

필수 예제 03

다음 뜻에 맞는 漢字語한자어를 보기 에서 찾아 그 번호를 쓰세요.

보기

① 下校   ② 上京   ③ 石油   ④ 登第

(1) 과거에 합격하던 일.
　　　　➡ (   )

(3) 땅속에 묻혀 있는 기름.
　　　　➡ (   )

(2) 지방에서 서울로 감.
　　　　➡ (   )

(4) 공부를 끝내고 학교에서 집으로 돌아옴.
　　　　➡ (   )

한자어의 뜻이 생각나지 않을 때는 한자의 뜻을 조합하여 문제를 풀어 봅니다.

▶정답 13쪽

전략 4 제시된 한자와 음(소리)은 같고 뜻이 다른 한자 찾기

다음에서 음(소리)은 같으나 뜻이 다른 漢字한자를 찾아 번호를 쓰세요.

• 洋: ① 上　　② 番　　③ 陽　　④ 下 ➡ (　　　　　　)

답 ③

필수 예제 04

다음에서 음(소리)은 같으나 뜻이 다른 漢字한자를 찾아 번호를 쓰세요.

(1) 樹: ① 席　　② 水　　③ 油　　④ 果 ➡ (　　　　　　)

(2) 庭: ① 石　　② 園　　③ 正　　④ 第 ➡ (　　　　　　)

(3) 油: ① 有　　② 樹　　③ 庭　　④ 洋 ➡ (　　　　　　)

(4) 席: ① 下　　② 果　　③ 級　　④ 石 ➡ (　　　　　　)

한자의 뜻과 음(소리)을 정확하게 구분하여 알아 두어야 합니다.

[한자어의 음(소리) 쓰기]

1 다음 밑줄 친 漢字語한자어의 讀音(독음: 읽는 소리)을 쓰세요.

果樹園의 사과가 빨갛게 익었습니다.

→ (   )

Tip

'果樹園'의 '園'은 '동산'을 뜻하는 한자입니다.

[한자어의 음(소리) 쓰기]

2 다음 밑줄 친 漢字語한자어의 讀音(독음: 읽는 소리)을 쓰세요.

내 휴대 전화 番號는 010-××××-××××입니다.

→ (   )

Tip

'番號'의 '番'은 '차례'를 뜻하는 한자입니다.

[한자의 뜻과 음(소리) 쓰기]

3 다음 漢字한자의 訓(훈: 뜻)과 音(음: 소리)을 쓰세요.

> 보기
>
> 形 → 모양 형

• 果 → (   )

Tip

'果'는 '실과'를 뜻하는 한자입니다.

[제시된 한자와 뜻이 비슷한 한자 찾기]

4 다음 漢字한자와 뜻이 비슷한 漢字한자를 찾아 번호를 쓰세요.

• 樹: ① 果 ② 石 ③ 木 ④ 下 → (   )

Tip

'樹'는 '나무'를 뜻하고, '수'라고 읽습니다.

[제시된 한자와 음(소리)은 같고 뜻이 다른 한자 찾기]

5 다음에서 음(소리)은 같으나 뜻이 다른 漢字한자를 찾아 번호를 쓰세요.

• 野: ① 樹 ② 番 ③ 油 ④ 夜 ➡ (   )

Tip
'野'는 '들'을 뜻하는 한자입니다.

[제시된 한자와 음(소리)은 같고 뜻이 다른 한자 찾기]

6 다음에서 음(소리)은 같으나 뜻이 다른 漢字한자를 찾아 번호를 쓰세요.

• 第: ① 等 ② 弟 ③ 洋 ④ 庭 ➡ (   )

Tip
'第'는 '차례'를 뜻하고, '제'라고 읽습니다.

[제시된 뜻에 맞는 한자어 찾기]

7 다음 뜻에 맞는 漢字語한자어를 보기 에서 찾아 그 번호를 쓰세요.

보기
① 登第   ② 海洋   ③ 上京   ④ 信號

• 넓고 큰 바다. ➡ (   )

Tip
'海洋'의 '洋'은 '큰 바다'를 뜻하는 한자입니다.

[제시된 뜻에 맞는 한자어 찾기]

8 다음 뜻에 맞는 漢字語한자어를 보기 에서 찾아 그 번호를 쓰세요.

보기
① 等分   ② 番號   ③ 石油   ④ 下校

• 분량을 똑같이 나눔. 또는 그 분량. ➡ (   )

Tip
'等'은 무리를 뜻하고, '등'이라고 읽습니다.

01 다음 한자의 뜻과 음(소리)을 쓰세요.

> **보기**
>
> 京 ➡ 서울 경

(1) 洋 ➡ (   )

(2) 級 ➡ (   )

02 다음 밑줄 친 낱말에 해당하는 한자어를 보기 에서 찾아 그 번호를 쓰세요.

> **보기**
>
> ① 出席 ② 登第 ③ 信號

• 초록색 신호가 켜지면 길을 건넙니다.
➡ (   )

03 다음 뜻에 해당하는 한자어를 보기 에서 찾아 그 번호를 쓰세요.

> **보기**
>
> ① 下校 ② 信號 ③ 番號

• 차례를 나타내거나 식별하기 위해 붙이는 숫자. ➡ (   )

04 다음 그림에 해당하는 한자를 찾아 선으로 이으세요.

• 樹

• 洋

05 다음 ☐ 안에 알맞은 한자를 써 넣어 설명 에 해당하는 한자어를 완성하세요.

> **설명**
>
> 지방에서 서울로 감.

답

☐ 京

06 다음 뜻과 음(소리)에 해당하는 한자를 보기 에서 찾아 그 번호를 쓰세요.

> 보기
> ① 番 　② 第 　③ 等

• 차례 제 ➡ (　　　　　)

07 다음 밑줄 친 한자어의 음(소리)을 쓰세요.

> 庭園에도 꽃이 활짝 폈습니다.

➡ (　　　　　)

08 다음 한자 카드의 □ 안에 들어갈 한자를 쓰세요.

아래 하

09 다음 한자의 뜻을 보기 에서 찾아 그 번호를 쓰세요.

> 보기
> ① 자리　② 이름　③ 차례

• 席 ➡ (　　　　　)

10 다음 □ 안에 들어갈 한자를 찾아 ○표 하세요.

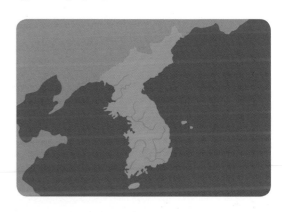

> 우리나라는 육지와 海□을 모두 접하고 있습니다.

油　　　　洋

나는 *海洋* 속 바다거북!
바람이와 하람이를 만나러
떠나요.

서울에 사는
하람이와 바람이를 보기 위해
*上京*하는 길이 이렇게
힘들 줄이야.

바람아, 하람아, 보고 싶어.
내가 텔레파시로
보내는 *信號*를 받았을까?

얘들아, 서울로
빨리 가려면 어떻게
가야 하니?

저기 있는 *果樹園*을
따라 아래로 쭉 가면 정류장이
있는데 거기서 서울로 가는
버스를 타면 돼.

창의 융합

1 위 대화를 읽고, 바다거북인 부기가 바람이와 하람이에게 텔레파시로 보낸 것을 한글로 쓰세요.

➡ (   )

▶정답 13쪽

우리 집 강아지 복실이를 소개합니다.

복실이에게 오라는 信號를 보내면 저를 향해 달려와요.

그리고 들이나 庭園에 핀 꽃을 참 좋아해요.

下校 후에는 저와 거실에 누워 쉬는 것을 좋아해요.

사랑하는 복실이를 잃어버리지 않기 위해 제 전화 番號가 적힌 목걸이를 걸어줬어요.

창의 융합

2 위 만화를 읽고, 만화에서 나오지 않은 한자어의 음(소리)을 찾아 ○표 하세요.

신호 정원 하교 번호 등분

창의·융합·코딩 **전략 ②**

코딩

1 다음 **힌트** 에서 가리키는 한자를 **규칙** 에서 찾아 비밀 번호를 풀어 보세요.

규칙

0	1	2	3	4
第	級	果	席	下
5	6	7	8	9
號	番	庭	油	樹

힌트

1. 첫째 자리 글자는 '기름'이라는 뜻을 가짐.

2. 넷째 자리 글자는 '하'라고 읽음.

3. 둘째 자리 글자는 '정'이라고 읽음.

4. 셋째 자리 글자는 '나무'라는 뜻을 가짐.

→ ☐ ☐ ☐ ☐

창의 융합

2 다음 그림에서 한자 '果'에 해당하는 것을 <u>모두</u> 찾아 ○표 하세요.

▶정답 14쪽

3 다음 규칙 을 따라가 나오는 한자어의 음(소리)을 쓰세요.

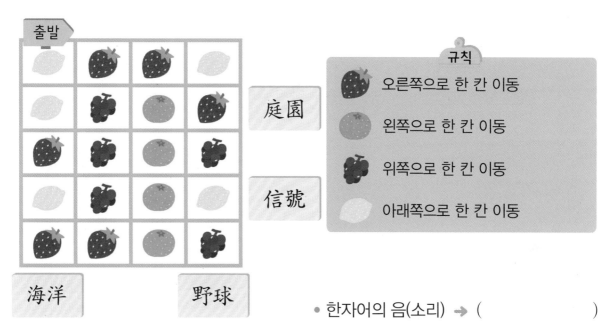

海洋   野球

• 한자어의 음(소리) → (   )

4 다음 그림과 관련이 <u>없는</u> 한자를 찾아 그 번호를 쓰세요. → (   )

① 果   ② 庭   ③ 洋   ④ 樹

창의·융합·코딩 전략 ❷

5 다음 글을 읽고, 밑줄 친 <u>이것</u>에 해당하는 한자어를 ☐ 안에 채워 완성하세요.

> '이것'은 지구 표면의 약 70%를 차지하는 넓고 큰 바다를 말해요. 지구에서 '이것'이 차지하는 면적은 3억 6,200만km²인데, 태평양은 전체 면적의 46%를 차지하고, 대서양은 24%, 인도양은 20%를 차지해요.

답

6 다음 문제 의 순서대로 명령어 버튼 을 눌렀을 때 뽑힌 한자의 뜻과 음(소리)을 쓰세요.

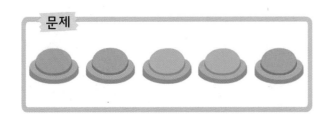

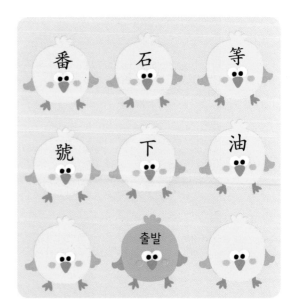

• 한자의 뜻과 음(소리) ➡ (   )

7 다음 보기 의 재료들을 사용해 소고기 산적을 만들었을 때, 완성된 산적을 보고 순서 의 빈칸에 알맞은 한자의 뜻과 음(소리)을 쓰세요.

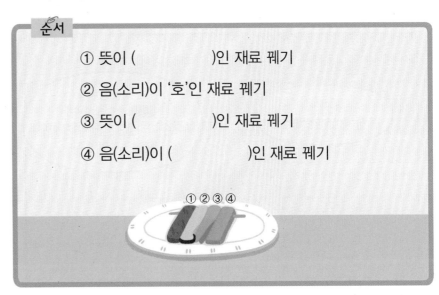

① 뜻이 (   )인 재료 꿰기

② 음(소리)이 '호'인 재료 꿰기

③ 뜻이 (   )인 재료 꿰기

④ 음(소리)이 (   )인 재료 꿰기

① ② ③ ④

8 다음 막대 그래프를 보고 가장 많은 학생이 좋아하는 운동을 한자로 쓰세요.

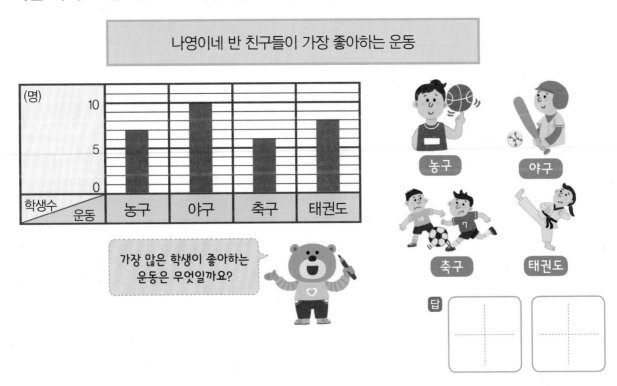

나영이네 반 친구들이 가장 좋아하는 운동

가장 많은 학생이 좋아하는 운동은 무엇일까요?

농구   야구   축구   태권도

답

뿌리 / 상태 한자

① 族 겨레 **족**　② 孫 손자 **손**　③ 根 뿌리 **근**　④ 本 근본 **본**　⑤ 姓 성 **성**　⑥ 李 오얏/성 **리**

⑦ 朴 성 **박**　⑧ 禮 예도 **례**　⑨ 永 길 **영**　⑩ 遠 멀 **원**　⑪ 在 있을 **재**　⑫ 近 가까울 **근**

⑬ 重 무거울 **중**　⑭ 利 이할 **리**　⑮ 短 짧을 **단**　⑯ 和 화할 **화**

점선 위로 겹쳐서 한자를 써 보세요.

연한 글씨 위로 겹쳐서 한자를 따라 써 보세요.

한자 1 부수 方 | 총 11획

族
겨레 족

깃발이 나부끼는 모습을 그린 한자로 깃발이 하나의 공동체를 상징하는 데서 □□ 을/를 뜻해요.

답 겨레

族 族
겨레 족　겨레 족

쓰는 순서 ` ´ ⁻ 方 方 方 扩 扩 扩 族 族

한자 2 부수 子 | 총 10획

孫
손자 손

명주실을 손으로 엮는 모습을 그린 한자로 실처럼 자손이 이어진다는 의미에서 □□ 을/를 뜻하게 되었어요.

답 손자

孫 孫
손자 손　손자 손

쓰는 순서 ⁻ 了 子 子 子 矛 孫 孫 孫 孫

한자 3 부수 木 | 총 10획

根
뿌리 근

식물이 땅에서 쓰러지지 않고 고정되어 있도록 해주는 뿌리를 표현한 한자로 □□ 또는 '근본'을 뜻해요.

답 뿌리

根 根
뿌리 근　뿌리 근

쓰는 순서 ⁻ 十 才 木 杧 杧 杠 根 根 根

◦모양이 비슷한 한자◦ 銀(은 은)　◦뜻이 비슷한 한자◦ 本(근본 본)

한자 4 부수 木 | 총 5획

本
근본 본

나무의 뿌리 부분을 가리키는 한자로 사물을 구성하는 가장 원초적인 바탕인 □□ 을/를 뜻해요.

답 근본

本 本
근본 본　근본 본

쓰는 순서 ⁻ 十 才 木 本

◦모양이 비슷한 한자◦ 木(나무 목)　◦뜻이 비슷한 한자◦ 根(뿌리 근)

1 그림 속 한자에 해당하는 음(소리)을 보기 에서 찾아 같은 모양으로 모두 표시하세요.

보기

본 족 근

2 다음 한자의 뜻과 음(소리)으로 알맞은 것을 찾아 선으로 이으세요.

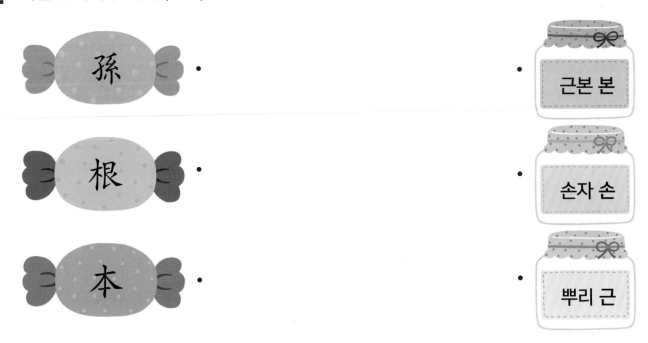

孫 ·

根 ·

本 ·

· 근본 본

· 손자 손

· 뿌리 근

점선 위로 겹쳐서 한자를 써 보세요.

연한 글씨 위로 겹쳐서 한자를 따라 써 보세요.

한자 **5** | 부수 女 | 총 8획

姓
성 성

같은 조상[女]으로부터 태어난 [生] 집안이 같은 성을 쓴다는 데서 ☐☐☐을/를 뜻해요.

답 성씨

姓 姓
성 성　성 성

쓰는 순서 ㄑ 女 女 女 妙 妙 姓 姓

한자 **6** | 부수 木 | 총 7획

李
오얏/성 리

과일을 많이 맺는 오얏 나무를 표현한 한자로 ❶☐☐ 또는 ❷☐☐을/를 뜻해요.

답 ❶ 오얏 ❷ 성(성씨)

李 李
오얏/성 리　오얏/성 리

쓰는 순서 一 十 才 木 杢 李 李

한자 **7** | 부수 木 | 총 6획

朴
성 박

나무껍질이 갈라지는 것과 같은 모습을 나타내는 한자로 ☐☐ 또는 '순박하다'를 뜻해요.

답 성(성씨)

朴 朴
성 박　성 박

쓰는 순서 一 十 才 木 朴 朴

한자 **8** | 부수 示 | 총 18획

禮
예도 례

그릇에 곡식을 가득 담아 신에게 감사 인사를 하는 모습에서 ☐☐(이)라는 뜻이 생겼어요.

답 예도

禮 禮
예도 례　예도 례

쓰는 순서 ᐟ ニ 亍 亍 亓 示 和 礻 神 神 禮 禮 禮 禮 禮 禮 禮 禮 약자 礼

3 다음 한자의 뜻과 음(소리)으로 알맞은 것을 보기 에서 찾아 그 번호를 쓰세요.

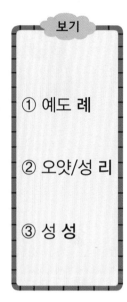

보기

① 예도 례

② 오얏/성 리

③ 성 성

4 다음 밑줄 친 말에 해당하는 한자를 찾아 선으로 이으세요.

제 성은
이씨입니다.

이정민

·

·朴

제 성은
박씨입니다.

박은미

·

·李

2주 04일 급수 한자 돌파 전략 ❷

1 다음 한자 카드에 들어갈 한자나 한자의 뜻과 음(소리)을 쓰세요.

성 성

2 다음 문장의 내용이 맞으면 '예', 틀리면 '아니요'에 ○표 하세요.

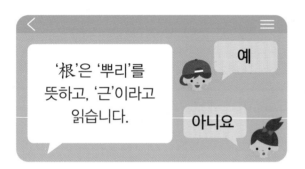

'根'은 '뿌리'를 뜻하고, '근'이라고 읽습니다.

예
아니요

'禮'는 '겨레'를 뜻하고, '족'이라고 읽습니다.

예
아니요

3 다음 뜻과 음(소리)에 해당하는 한자로 알맞은 것을 찾아 ∨표 하세요.

오얏/성 리

겨레 족

☐ 李 ☐ 孫 ☐ 姓 ☐ 族

4 다음 밑줄 친 한자에 해당하는 음(소리)을 쓰세요.

내 친구 은혜는 성이 <u>朴</u>입니다.

→ (   )

5 다음 밑줄 친 낱말에 해당하는 한자를 찾아 ○표 하세요.

이 병의 <u>근본</u>적인 치료 방법은 무엇인가요?

6 다음 한자의 뜻과 음(소리)이 바르게 짝 지어진 것을 찾아 ∨표 하세요.

점선 위로 겹쳐서 한자를 써 보세요.

연한 글씨 위로 겹쳐서 한자를 따라 써 보세요.

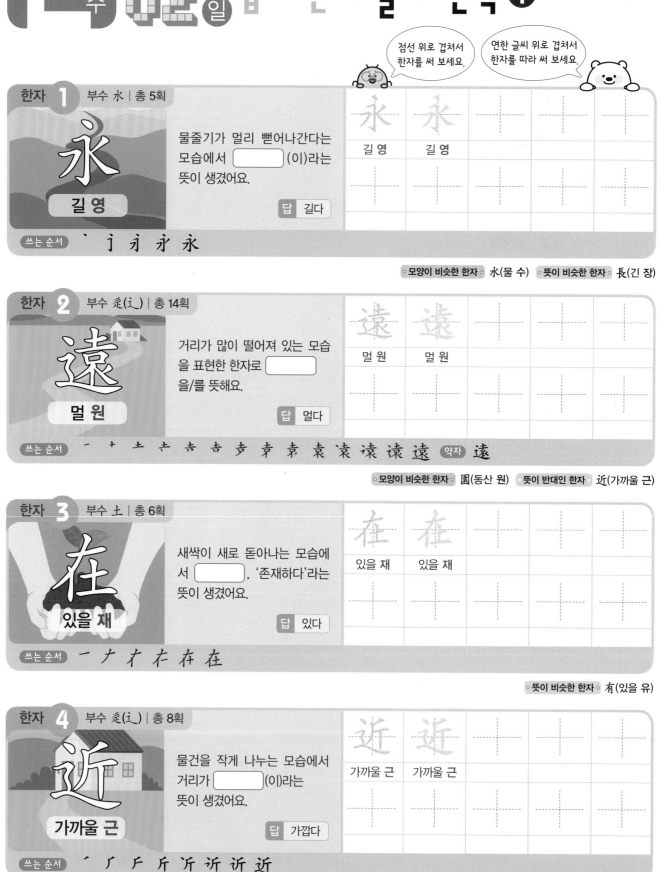

한자 1 부수 水 | 총 5획

永
길 영

물줄기가 멀리 뻗어나간다는 모습에서 □□□(이)라는 뜻이 생겼어요.

답 길다

永 永
길 영 길 영

쓰는 순서 丶 亅 才 永 永

○모양이 비슷한 한자○ 水(물 수) ○뜻이 비슷한 한자○ 長(긴 장)

한자 2 부수 辵(辶) | 총 14획

遠
멀 원

거리가 많이 떨어져 있는 모습을 표현한 한자로 □□□을/를 뜻해요.

답 멀다

遠 遠
멀 원 멀 원

쓰는 순서 一 十 士 土 吉 吉 吉 克 克 袁 袁 遠 遠 遠 약자 遠

○모양이 비슷한 한자○ 園(동산 원) ○뜻이 반대인 한자○ 近(가까울 근)

한자 3 부수 土 | 총 6획

在
있을 재

새싹이 새로 돋아나는 모습에서 □□□, '존재하다'라는 뜻이 생겼어요.

답 있다

在 在
있을 재 있을 재

쓰는 순서 一 ナ 才 存 存 在

○뜻이 비슷한 한자○ 有(있을 유)

한자 4 부수 辵(辶) | 총 8획

近
가까울 근

물건을 작게 나누는 모습에서 거리가 □□□(이)라는 뜻이 생겼어요.

답 가깝다

近 近
가까울 근 가까울 근

쓰는 순서 ' ґ 斤 斤 斤 近 近 近

○뜻이 반대인 한자○ 遠(멀 원)

1 다음 음(소리)이 바르게 연결된 한자에 ○표 하세요.

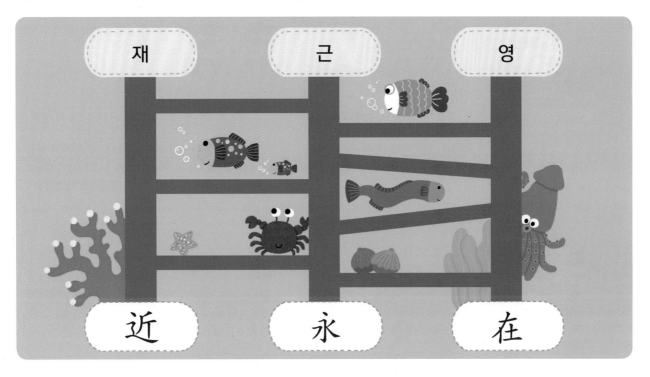

2 다음 한자의 뜻과 음(소리)으로 알맞은 것을 찾아 선으로 이으세요.

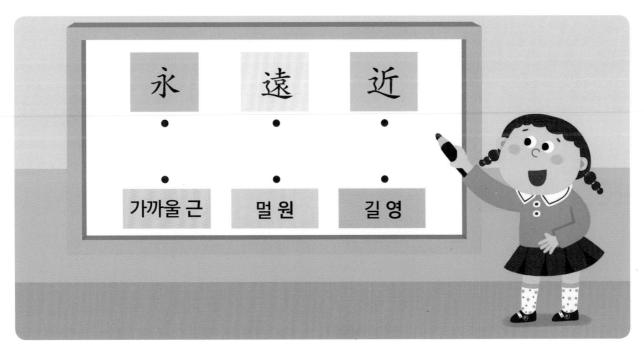

점선 위로 겹쳐서 한자를 써 보세요.

연한 글씨 위로 겹쳐서 한자를 따라 써 보세요.

한자 5 | 부수 里 | 총 9획

重
무거울 중

등에 짐을 지고 있는 모습에서 □□□(이)라는 뜻이 생겼어요.

답 무겁다

重 무거울 중	重 무거울 중			

쓰는 순서 ノ ニ 一 亓 亓 亩 盲 重 重

◦ 모양이 비슷한 한자 ◦ 里(마을 리)

한자 6 | 부수 刀(刂) | 총 7획

利
이할 리

낫으로 벼를 베는 모습에서 추수를 하면 농부들에게 이익이 생기므로 □□□(이)라는 뜻이 생겼어요.

답 이하다(이롭다)

利 이할 리	利 이할 리			

쓰는 순서 ノ ニ 千 千 禾 利 利

◦ 모양이 비슷한 한자 ◦ 和(화할 화)

한자 7 | 부수 矢 | 총 12획

短
짧을 단

길이가 짧은 물건이나 가까운 거리를 의미하는 한자로 □□□을/를 뜻해요.

답 짧다

短 짧을 단	短 짧을 단			

쓰는 순서 ノ ト 上 矢 矢 矢 知 知 短 短 短

◦ 뜻이 반대인 한자 ◦ 長(긴 장)

한자 8 | 부수 口 | 총 8획

和
화할 화

여러 사람이 수확한 벼를 나누어 먹는 모습에서 □□□(이)라는 뜻이 생겼어요.

답 화하다(화목하다)

和 화할 화	和 화할 화			

쓰는 순서 ノ ニ 千 千 禾 禾 和 和

◦ 모양이 비슷한 한자 ◦ 利(이할 리)   ◦ 뜻이 비슷한 한자 ◦ 平(평평할 평)   ◦ 뜻이 반대인 한자 ◦ 戰(싸움 전)

한자 기초 확인

3 다음 한자의 음(소리)으로 알맞은 것을 찾아 선으로 이으세요.

4 다음 뜻과 음(소리)에 해당하는 한자를 찾아 ○표 하세요.

무거울 중

짧을 단

2주 02일 급수 한자 돌파 전략 ❷

1 다음 한자의 뜻과 음(소리)으로 알맞은 것을 찾아 선으로 이으세요.

永 ·   · 있다 ·   · 영

在 ·   · 길다 ·   · 재

2 다음 한자의 뜻과 음(소리)으로 알맞은 것을 찾아 ○표 하세요.

利   짧을 단   이할 리   和   화할 화   멀 원

3 다음 그림 속 한자에 해당하는 뜻을 찾아 ∨표 하세요.

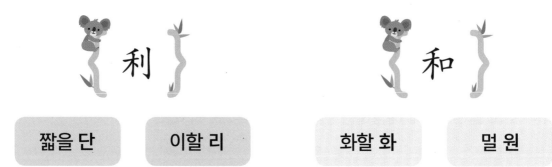

이롭다   무겁다

☐   ☐

▶정답 16쪽

4 다음 밑줄 친 한자의 음(소리)을 쓰세요.

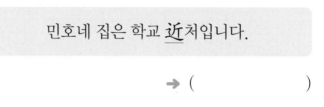

민호네 집은 학교 <u>近</u>처입니다.

➡ (   )

5 다음 문장의 내용이 맞으면 '예', 틀리면 '아니요'에 ○표 하세요.

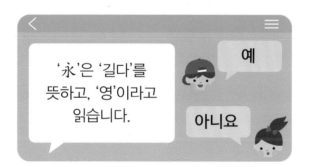

'永'은 '길다'를
뜻하고, '영'이라고
읽습니다.

예

아니요

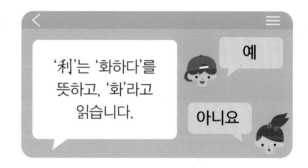

'利'는 '화하다'를
뜻하고, '화'라고
읽습니다.

예

아니요

6 다음 한자 카드에 들어갈 한자나 한자의 뜻과 음(소리)을 쓰세요.

遠

짧을 단

대표 한자어 | 01 |

근 본

根	本
뿌리 근	근본 본

뜻 사물의 본질이나 본바탕.

본 인

本	人
근본 본	사람 인

뜻 그 사람 자신.

이번 사고의 根本(근본)적인 원인은 무엇일까?

本人(본인)이 조심하지 않았기 때문이야.

대표 한자어 | 02 |

영 원

永	遠
길 영	멀 원

뜻 어떤 상태가 끝없이 이어짐. 또는 시간을 초월하여 변하지 아니함.

우리는 永遠(영원)히 함께 하기로 했어.

대표 한자어 03 |

성 명

姓	名
성 성	이름 명

뜻 성과 이름을 아울러 이르는 말.

여기에 본인의 姓名(성명)과 연락처를 써 주세요.

성명

항상 널 응원해!

대표 한자어 04

가 족

집 가 / 겨레 족

뜻 한 곳에 모여 사는 부모와 그 자식들.

명절에는 온 家族(가족)이 한자리에 모여 즐거운 시간을 보내.

민 족

백성 민 / 겨레 족

뜻 일정한 지역에서 오랜 세월 동안 공동생활을 하며 살고 있는 사회 집단.

우리 民族(민족)은 고유의 명절 문화를 잘 가꾸며 보존해 왔지.

대표 한자어 05

근 대

가까울 근 / 대신할 대

뜻 얼마 지나가지 않은 가까운 시대.

近代(근대) 문물의 상징인 전차는 우리 일상 생활의 모습을 획기적으로 바꾸어 놓았어.

대표 한자어 06

중 력

무거울 중 / 힘 력

뜻 지구 위의 물체가 지구로부터 받는 힘.

물건이 위에서 아래로 떨어지는 것은 重力(중력)이 작용하기 때문이야.

2주 03일 급수 한자어 대표 전략 ❶

대표 한자어 07

부재 不在
- 아닐 불
- 있을 재

뜻 그곳에 있지 아니함.

현재 現在
- 나타날 현
- 있을 재

뜻 지금의 시간.

안전 의식의 不在(부재)는 큰 사고를 일으킬 수 있어.

現在(현재) 사고를 예방하기 위해 법이 강화되고 있어.

참고 '不'이 'ㄷ', 'ㅈ'으로 시작하는 말 앞에 올 때는 '부'라고 읽어요.

대표 한자어 08

자손 子孫
- 아들 자
- 손자 손

뜻 자식과 손자를 아울러 이르는 말.

지구는 子孫(자손) 대대로 물려줘야 할 삶의 터전이야.

대표 한자어 09

목례 目禮
- 눈 목
- 예도 례

뜻 눈짓으로 가볍게 하는 인사.

눈이 마주치자 반가운 마음에 나도 모르게 目禮(목례)를 했어.

대표 한자어 10

편 리

편할 편|똥오줌 변 | 이할 리

뜻 편하고 이로우며 이용하기 쉬움.

 교통 수단이 발달하여 여행이 옛날보다 훨씬 便利(편리)해졌어.

대표 한자어 11

평 화

平 和

평평할 평 | 화할 화

뜻 평온하고 화목함.

 가정의 平和(평화)를 위해 영호네 집은 매일 가족회의를 해.

1 '平和(평화)'의 뜻을 바르게 설명한 것에 ○표 하세요.

| 그곳에 있지 아니함. | 평온하고 화목함. |

Tip

'平和'의 '和'는 [ ]을/를 뜻하는 한자입니다.

답 화하다

2 다음 뜻에 해당하는 한자어를 찾아 ○표 하세요.

편하고 이로우며 이용하기 쉬움.

便利   永遠

Tip

'利'는 '이롭다'를 뜻하고, [ ](이)라고 읽습니다.

답 리

3 다음 뜻에 해당하는 한자어를 찾아 선으로 이으세요.

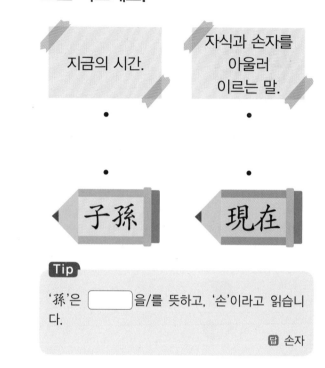

| 지금의 시간. | 자식과 손자를 아울러 이르는 말. |

子孫   現在

Tip

'孫'은 [ ]을/를 뜻하고, '손'이라고 읽습니다.

답 손자

4 다음 밑줄 친 한자어의 음(소리)을 쓰세요.

우리 *民族* 고유의 명절인 추석이 며칠 앞으로 다가왔습니다.

→ (   )

Tip

'民族'의 '族'은 '겨레'를 뜻하고, [ ](이)라고 읽습니다.

답 족

5 다음 뜻에 해당하는 한자어를 찾아 ∨ 표 하세요.

지구 위의 물체가
지구로부터 받는 힘.

□ 姓名

□ 重力

Tip
'重'은 (무겁다, 짧다)를 뜻하는 한자입니다.

답 무겁다

6 다음 문장에 들어갈 말로 어울리는 한 자어를 찾아 ○표 하세요.

짧은 만남이었지만
(永遠, 家族)히 기억할 것입니다.

Tip
'永'은 '길다'를 뜻하고, ☐ (이)라고 읽습니다.

답 영

7 다음 낱말 퍼즐을 푸세요.

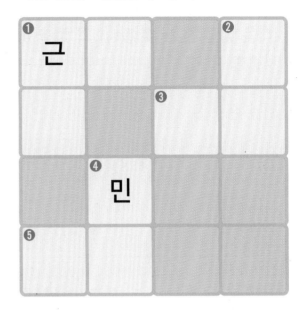

❶ 근

❸

❹ 민

❺

가로 열쇠

❶ 얼마 지나가지 않은 가까운 시대.
❸ 지금의 시간.
❺ 한 곳에 모여 사는 부모와 그 자식들.

세로 열쇠

❶ 사물의 본질이나 본바탕.
❷ 그곳에 있지 아니함.
❹ 일정한 지역에서 오랜 세월 동안 공동 생활을 하며 살고 있는 사회 집단.

Tip
'在'는 ☐ 을/를 뜻하고, '재'라고 읽습니다.

답 있다

전략 1   한자어의 음(소리) 쓰기

다음 밑줄 친 漢字語한자어의 讀音(독음: 읽는 소리)을 쓰세요.

> 보기
>
> 登第 ➡ 등제

• 세계 平和를 위해 다같이 노력해야 합니다. ➡ (   )

답 평화

필수 예제 01

다음 밑줄 친 漢字語한자어의 讀音(독음: 읽는 소리)을 쓰세요.

> 보기
>
> 上京 ➡ 상경

(1) 물건이 위에서 아래로 떨어지는 이유는 **重力** 때문입니다.
➡ (   )

(3) 동짓날 팥죽을 먹는 것은 우리 **民族**의 풍습입니다. ➡ (   )

(2) 두 사람은 **永遠**한 사랑을 맹세했습니다. ➡ (   )

(4) **現在** 남부 지방을 중심으로 비가 오고 있습니다. ➡ (   )

> 문장 속에 쓰인 한자어가 각각 어떤 한자들로 이루어져 있는지 알아 두도록 합니다.

전략 2 한자의 뜻과 음(소리) 쓰기

다음 漢字한자의 訓(훈: 뜻)과 音(음: 소리)을 쓰세요.

> 보기
>
> 番 ➡ 차례 **번**

• 短 ➡ (   )

답 **짧을 단**

필수예제 02

다음 漢字한자의 訓(훈: 뜻)과 音(음: 소리)을 쓰세요.

> 보기
>
> 油 ➡ 기름 **유**

(1) 朴 ➡ (   )   (3) 禮 ➡ (   )

(2) 孫 ➡ (   )   (4) 本 ➡ (   )

한자의 뜻과 음(소리)은
반드시 함께
알아 두어야 합니다.

전략 **3** 제시된 뜻에 맞는 한자어 찾기

다음 뜻에 맞는 漢字語한자어를 보기 에서 찾아 그 번호를 쓰세요.

보기

① 根本　　　② 永遠　　　③ 重力　　　④ 不在

- 어떤 상태가 끝없이 이어짐. → (　　　　　　)

답 ②

필수 예제 03

다음 뜻에 맞는 漢字語한자어를 보기 에서 찾아 그 번호를 쓰세요.

보기

① 重力　　　② 目禮　　　③ 不在　　　④ 根本

(1) 눈짓으로 가볍게 하는 인사.
→ (　　　　　　)

(3) 지구 위의 물체가 지구로부터 받는 힘.
→ (　　　　　　)

(2) 그곳에 있지 아니함.
→ (　　　　　　)

(4) 사물의 본질이나 본바탕.
→ (　　　　　　)

한자어의 뜻이 생각나지 않을 때는 한자의 뜻을 조합하여 문제를 풀어 봅니다.

전략 **4** 제시된 한자와 음(소리)은 같고 뜻이 다른 한자 찾기

다음에서 음(소리)은 같으나 뜻이 다른 漢字^{한자}를 찾아 번호를 쓰세요.

• 根 : ① 近　　② 朴　　③ 姓　　④ 在 ➡ (　　　　　)

답 ①

필수 예제 **04**

다음에서 음(소리)은 같으나 뜻이 다른 漢字^{한자}를 찾아 번호를 쓰세요.

(1) 姓 : ① 李　　② 利　　③ 成　　④ 朴 ➡ (　　　　　)

(2) 遠 : ① 園　　② 朴　　③ 重　　④ 永 ➡ (　　　　　)

(3) 重 : ① 禮　　② 中　　③ 本　　④ 族 ➡ (　　　　　)

(4) 李 : ① 根　　② 在　　③ 孫　　④ 利 ➡ (　　　　　)

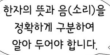

한자의 뜻과 음(소리)을 정확하게 구분하여 알아 두어야 합니다.

[한자어의 음(소리) 쓰기]

1 다음 밑줄 친 漢字語_{한자어}의 讀音(독음: 읽는 소리)을 쓰세요.

현대에는 다양한 <u>家族</u>
형태가 있습니다.

➜ (　　　　　　)

[한자어의 음(소리) 쓰기]

2 다음 밑줄 친 漢字語_{한자어}의 讀音(독음: 읽는 소리)을 쓰세요.

비둘기는 <u>平和</u>의 상징으로
알려져 있습니다.

➜ (　　　　　　)

[한자의 뜻과 음(소리) 쓰기]

3 다음 漢字_{한자}의 訓(훈: 뜻)과 音(음: 소리)을 쓰세요.

> 보기
>
> 石 ➜ 돌 석

• 李 ➜ (　　　　　　)

[제시된 한자와 뜻이 비슷한 한자 찾기]

4 다음 漢字_{한자}와 뜻이 비슷한 漢字_{한자}를 찾아 번호를 쓰세요.

• 本: ① 和　② 在　③ 遠　④ 根 ➜ (　　　　　　)

[제시된 한자와 음(소리)은 같고 뜻이 다른 한자 찾기]

5 다음에서 음(소리)은 같으나 뜻이 다른 漢字한자를 찾아 번호를 쓰세요.

• 在 : ① 和 ② 才 ③ 朴 ④ 重 → (   )

Tip
'在'는 '있다'를 뜻하는 한자입니다.

[뜻이 반대 또는 상대되는 한자 찾기]

6 다음 漢字한자와 뜻이 반대 또는 상대되는 漢字한자를 찾아 번호를 쓰세요.

• 近 : ① 園 ② 遠 ③ 孫 ④ 夜 → (   )

Tip
'近'은 '가깝다'를 뜻하고, '근'이라고 읽습니다.

[제시된 뜻에 맞는 한자어 찾기]

7 다음 뜻에 맞는 漢字語한자어를 보기 에서 찾아 그 번호를 쓰세요.

> 보기
> ① 永遠   ② 民族   ③ 目禮   ④ 不在

• 눈짓으로 가볍게 하는 인사. → (   )

Tip
'禮'는 '예도'를 뜻하고, '례'라고 읽습니다.

[제시된 뜻에 맞는 한자어 찾기]

8 다음 뜻에 맞는 漢字語한자어를 보기 에서 찾아 그 번호를 쓰세요.

> 보기
> ① 現在   ② 本人   ③ 重力   ④ 姓名

• 그 사람 자신. → (   )

Tip
'本人'의 '本'은 '근본'을 뜻하는 한자입니다.

맞은 개수

개

01 다음 한자의 뜻으로 알맞은 것을 보기 에서 찾아 그 번호를 쓰세요.

> 보기
> ① 화하다   ② 이롭다   ③ 뿌리

• 和 ➡ (   )

02 다음 밑줄 친 낱말에 알맞은 한자어를 보기 에서 찾아 그 번호를 쓰세요.

> 보기
> ① 永遠   ② 子孫   ③ 家族

• 거실에 가족사진이 걸려 있습니다.
➡ (   )

03 다음 한자의 뜻과 음(소리)을 쓰세요.

> 보기
> 洋 ➡ 큰바다 양

• 重 ➡ (   )

04 다음 밑줄 친 한자어의 음(소리)을 쓰세요.

> 本人의 의견이 가장 중요합니다.

➡ (   )

05 다음 뜻과 음(소리)에 알맞은 한자를 보기 에서 찾아 그 번호를 쓰세요.

> 보기
> ① 近   ② 遠   ③ 永

• 멀 원 ➡ (   )

06 다음 한자 카드에 들어갈 한자를 쓰세요.

성 성

07 다음 설명 에 해당하는 한자어를 찾아 ○표 하세요.

설명
> 지구 위의 물체가 지구로부터 받는 힘.

根本   重力

08 다음 뜻에 해당하는 한자어를 보기 에서 찾아 그 번호를 쓰세요.

보기
> ① 姓名   ② 民族   ③ 平和

• 평온하고 화목함.

       ➡ (   )

09 다음 설명 에 해당하는 낱말을 ☐ 안에 채워 완성하세요.

설명
> 그곳에 있지 아니함.

     ➡ 부 ☐

10 다음 ☐ 안에 들어갈 한자를 보기 에서 찾아 그 번호를 쓰세요.

보기
> ① 族   ② 近   ③ 本

• ☐代: 얼마 지나가지 않은 가까운 시대. ➡ (   )

창의·융합·코딩 전략 ❶

창의 융합

1 위 대화를 읽고, 지구에서 보다 달에서 몸무게가 가벼워지는 이유를 쓰세요.

➡ (   )

창의 융합

2 위 대화를 읽고, 개구쟁이 상어가 누구를 만나러 고향에 내려갔는지 해당하는 한자어를 찾아 한자로 쓰세요.

답

코딩

1 다음 순서도 를 참고하여 민수네 강아지를 보기 에서 찾고, 강아지가 갖고 있는 한자의 음(소리)을 쓰세요.

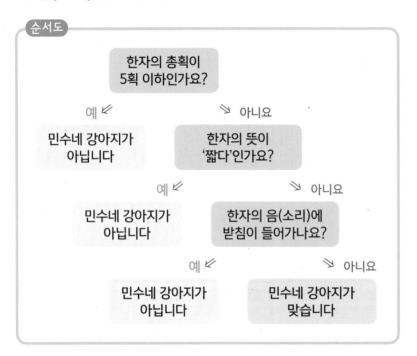

순서도

한자의 총획이
5획 이하인가요?

예 ↙   ↘ 아니요

민수네 강아지가
아닙니다

한자의 뜻이
'짧다'인가요?

예 ↙   ↘ 아니요

민수네 강아지가
아닙니다

한자의 음(소리)에
받침이 들어가나요?

예 ↙   ↘ 아니요

민수네 강아지가
아닙니다

민수네 강아지가
맞습니다

보기

本　近

短　禮

• 한자의 음(소리)

➡ (　　　　　　　)

2 다음 그림에서 '성씨'와 관련 있는 한자를 <u>모두</u> 찾아 ○표 하세요.

在　重

利　朴　李

3 다음 규칙 에 따라 미로를 탈출하며 만난 숫자에 ○표 하고, 도착한 한자어의 음(소리)을 쓰세요.

규칙

300만큼 뛰어서 세는 규칙

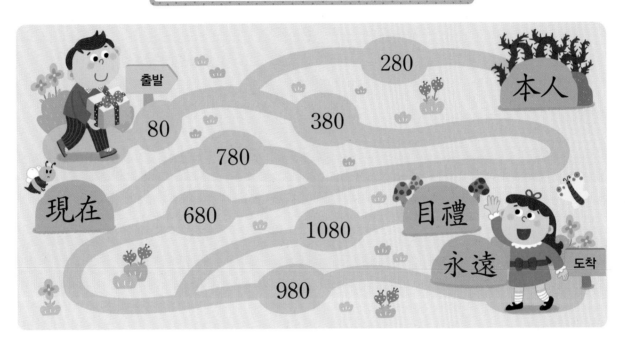

• 한자어의 음(소리) → (   )

창의 융합

4 다음 글을 읽고, 밑줄 친 이것에 해당하는 한자의 뜻과 음(소리)을 쓰세요.

이것은 땅속에 묻혀 있는 식물의 밑동으로, 땅속의 물과 양분을 빨아올리고 줄기가 지탱할 수 있도록 해 주는 부분입니다. 음식이나 약재로 사용하기도 합니다.

• 한자의 뜻 → (   )

• 한자의 음(소리) → (   )

코딩

3 다음 문제 대로 명령어 를 실행했을 때 나오는 한자어의 음(소리)을 쓰세요.

• 한자어의 음(소리) ➡ (   )

창의 융합

6 다음 중 그림과 관련이 없는 한자를 찾아 번호를 쓰세요.   ➡ (   )

① 姓   ② 孫   ③ 朴   ④ 石

코딩

7 다음 질문에 대한 답을 퍼즐에서 찾아 색칠하세요.

1. 한자 '孫'의 뜻은 무엇인가요?

2. 한자어 '姓名'의 음(소리)은 무엇인가요?

3. '겨레'를 뜻하는 한자는 무엇인가요?

4. 한자 '禮'의 음(소리)은 무엇인가요?

5. '길다'를 뜻하는 한자는 무엇인가요?

창의 융합

8 다음 글을 읽고, 現在 시간을 나타내는 시계를 찾아 번호를 쓰세요.

➡ (   )

> 　현재 시각은 타종하기 2시간 전입니다. 시민들이 '제야의 종' 타종식을 보기 위해 보신각 앞에 모여 있습니다. 타종은 정각 12시에 시작하겠습니다.

①  ②

③  ④

만화를 보고, 지금까지 배운 한자를 기억해 보세요.

1주 | 환경/등급 한자

園 樹 果 庭 野 石 洋 油 等 級 番 號 第 席 上 下

2주 | 뿌리/상태 한자

族 孫 根 本 姓 李 朴 禮 永 遠 在 近 重 利 短 和

신유형·신경향·서술형 전략

환경 한자

1 다음은 하늘이네 과수원의 모습입니다. 그림을 보고, 물음에 답하세요.

❶ 그림에 나타난 환경 요소와 관련이 있는 한자의 뜻과 음(소리)을 쓰세요.

• 石 ➡ (   )

• 果 ➡ (   )

❷ 다음 밑줄 친 낱말에 해당하는 한자를 찾아 ○표 하세요.

나무에
과일이 주렁주렁
열렸어요.

Tip

한자 '樹'의 음(소리)은 ❶[   ]이고, 한자 '油'는 ❷[   ]을/를 뜻합니다.

답 ❶ 수 ❷ 기름

등급 한자

2 다음 두 학생의 대화를 읽고, 물음에 답하세요.

① 두 학생의 대화에서 밑줄 친 한자어의 음(소리)을 쓰세요.

• ㉠ 等級 ➡ (   )

• ㉡ 番號 ➡ (   )

② 다음 그림과 한자가 일치하는 것에 ∨표 하세요.

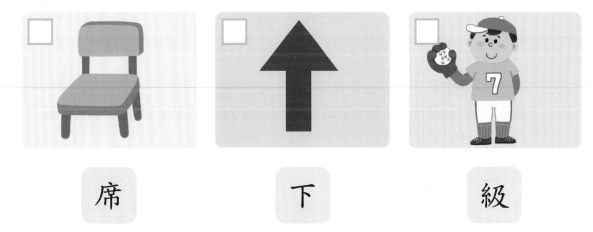

Tip

'높고 낮음이나 좋고 나쁨 따위의 정도를 나눈 것'을 [   ]이라고 합니다.

답 등급

뿌리 한자

3 다음 대한민국의 뿌리에 대한 내용을 읽고, 물음에 답하세요.

大韓民國臨時政府

대한민국의 뿌리는 한반도의 독립과 민주국가 설립에 根[ ]을 두고 세워진 상하이 대한민국 임시정부에 있다.

임시정부를 중심으로 우리 민族은 강인함과 끈기를 갖고 독립을 위해 투쟁하였다.

❶ 위의 글을 읽고, [ ] 안에 알맞은 한자를 채워 한자어를 완성해 보세요.

답 根 [ ]

❷ 다음 밑줄 친 한자 '族'의 음(소리)을 쓰고, 글의 내용과 어울리도록 빈칸에 알맞은 낱말을 쓰세요.

• 族의 음(소리) ➡ ( )

• 우리는 강인함과 끈기를 갖고 독립 투쟁을 한 [ ][ ]입니다.

Tip
한자 '本'은  ❶[ ]을/를 뜻하고, 한자 '族'은 ❷[ ]을/를 뜻합니다.

답 ❶ 근본 ❷ 겨레

▶정답 18쪽

4 다음은 우주네 마을의 모습입니다. 그림을 보고, 물음에 답하세요.

❶ ☐ 안에 들어갈 알맞은 한자를 보기 에서 찾아 그 번호를 쓰세요.

보기
① 利
② 號

- 엄마: 우리 동네는 교통이 편☐해요.
- 우주: 맞아요. 학원 갈 때 버스를 이용하면 편☐해요.
- 아빠: 하지만 출퇴근 시간대에는 신☐에 자주 걸려요.

❷ ❶의 대화에서, 엄마와 우주가 말한 한자어를 보기 에서 찾아 쓰세요.

보기
便利   信號

답 ☐ ☐

Tip

한자 '便'의 음(소리)은 ❶☐ 이고, '號'의 음(소리)은 ❷☐ 입니다.

답 ❶ 편 ❷ 호

[문제 01~02] 다음 밑줄 친 漢字語한자어의 讀音(독음: 읽는 소리)을 쓰세요.

삼촌네 01果樹園에서 나는 한라봉은 맛이 좋아 가격이 높습니다. 다른 과일처럼 한라봉에도 02等級이 있고, 크기에 따라 번호가 매겨진다는 것을 새롭게 알게 되었습니다.

01 果樹園 → (   )

02 等級 → (   )

[문제 03~04] 다음 漢字한자의 訓(훈: 뜻)과 音(음: 소리)을 쓰세요.

03

號

→ (   )

04

油

→ (   )

[문제 05~06] 다음 漢字한자와 뜻이 같거나 비슷한 漢字한자를 골라 그 번호를 쓰세요.

05 番: ① 第 ② 席 ③ 級 ④ 油
→ (   )

[문제 07~08] 다음 중 소리는 같으나 뜻이 다른 漢字한자를 골라 그 번호를 쓰세요.

07 果: ① 園 ② 科 ③ 庭 ④ 上
→ (   )

06 號: ① 洋 ② 等 ③ 名 ④ 樹
→ (   )

08 野: ① 石 ② 第 ③ 果 ④ 夜
→ (   )

[문제 09~10] 다음 성어의 ( ) 안에 알맞은 漢字^{한자}를 보기 에서 찾아 그 번호를 쓰세요.

보기

① 油   ② 第

③ 短   ④ 石

09 電光( )火: 번갯불이나 <u>부싯돌</u>의 불이 번쩍거리는 것과 같이 매우 짧은 시간이나 재빠른 움직임 따위를 비유적으로 이르는 말.

→ (   )

10 一長一( ): 일면의 장점과 다른 일면의 <u>단점</u>을 통틀어 이르는 말.

→ (   )

[문제 11~12] 다음 뜻에 맞는 漢字語^{한자어}를 보기 에서 찾아 그 번호를 쓰세요.

보기

① 海洋   ② 登第

③ 出席   ④ 庭園

11 넓고 큰 바다. → (   )

12 어떤 자리에 나아가 참석함.

→ (   )

▶정답 18쪽

[문제 13~14] 다음 밑줄 친 漢字語_{한자어}를 漢字_{한자}로 쓰세요.

13 졸업식에서 다 함께 <u>교가</u>를 불렀습니다.
➡ (   )

14 명석한 남동생은 막힘없이 <u>천자문</u>을 술술 외웠습니다. ➡ (   )

[문제 15~16] 다음 漢字_{한자}의 짙게 표시한 획은 몇 번째 쓰는 획인지 보기에서 골라 그 번호를 쓰세요.

15 野 (   )

16 級 (   )

[문제 01~02] 다음 밑줄 친 漢字語한자어의 讀音(독음: 읽는 소리)을 쓰세요.

동아리 모임에서 01本人의 02姓名을 말하며 가볍게 인사를 나누었습니다.

01 本人 → (   )

02 姓名 → (   )

[문제 03~04] 다음 漢字한자의 訓(훈: 뜻)과 音(음: 소리)을 쓰세요.

03

→ (   )

04

→ (   )

[문제 05~06] 다음 漢字^{한자}와 뜻이 반대 또는 상대되는 漢字^{한자}를 골라 그 번호를 쓰세요.

05 短: ① 長 ② 禮 ③ 和 ④ 重

➡ (   )

[문제 07~08] 다음 중 소리는 같으나 뜻이 다른 漢字^{한자}를 골라 그 번호를 쓰세요.

07 李: ① 和 ② 本 ③ 利 ④ 永

➡ (   )

06 遠: ① 利 ② 在 ③ 根 ④ 近

➡ (   )

08 近: ① 族 ② 根 ③ 朴 ④ 孫

➡ (   )

[문제 09~10] 다음 성어의 ( ) 안에 알맞은 漢字한자를 보기에서 찾아 그 번호를 쓰세요.

보기

① 族   ② 朴

③ 李   ④ 在

09 人命( )天 : 사람의 목숨은 하늘에 달려 있다는 뜻으로, 목숨의 길고 짧음은 사람의 힘으로 어쩔 수 없음을 이르는 말.

→ (   )

10 白衣民( ) : 흰옷을 입은 민족이라는 뜻으로, '한민족'을 이르는 말.

→ (   )

[문제 11~12] 다음 뜻에 맞는 漢字語한자어를 보기에서 찾아 그 번호를 쓰세요.

보기

① 姓名   ② 根本

③ 目禮   ④ 家族

11 눈짓으로 가볍게 하는 인사.

→ (   )

12 사물의 본질이나 본바탕.

→ (   )

[문제 13~14] 다음 밑줄 친 漢字語한자어를 漢字한자로 쓰세요.

> 보기
>
> 교가 ➡ 校歌

13 저는 그 책을 읽고 <u>문학</u>의 즐거움을 알 게 되었습니다. ➡ ( )

14 이번 <u>국어</u> 시간에 한글 맞춤법에 관해 공부했습니다. ➡ ( )

[문제 15~16] 다음 漢字한자의 짙게 표시한 획은 몇 번째 쓰는 획인지 보기 에서 골라 그 번호를 쓰세요.

> 보기
>
> ① 여덟 번째   ② 아홉 번째
> ③ 열 번째   ④ 열한 번째

15

禮 ( )

16

遠 ( )

귀 족

貴	族
귀할 귀	겨레 족

> 고려는 貴族(귀족) 중심의 신분제 사회였습니다.

뜻 가문이나 신분상으로 특권을 가진 계층.

심화 한자 ① 부수 貝 | 총 12획

貴
귀할 귀

'귀하다'나 '(신분이) 높다'라는 뜻을 가진 한자예요. 농사를 지을 때 꼭 필요한 흙이 귀하다는 데서 '귀하게 여기는 일'을 뜻하게 되었어요.

貴	貴
귀할 귀	귀할 귀

쓰는 순서 　丶　丿　口　中　虫　弗　弗　骨　骨　骨　貴　貴

종 례

終	禮
마칠 종	예도 례

> 우리 반은 終禮(종례)가 끝나면 다 같이 모여 청소를 합니다.

뜻 하루 일과를 마치고 선생님과 학생이 한자리에 모여 나누는 인사.

심화 한자 ② 부수 糹(糸) | 총 11획

終
마칠 종

'끝나다'나 '마치다', '죽다'라는 뜻을 가진 한자예요. 새끼줄 양 끝에 매듭을 묶어 줄이 풀리지 않게 일을 마무리했다는 의미에서 '마치다'를 뜻해요.

終	終
마칠 종	마칠 종

쓰는 순서 　乚　纟　纟　纟　纟　糸　糿　紒　終　終　終

석 탄

石	炭
돌 석	숯 탄

광산에서 石炭(석탄)을 캐는 사람을 광부라고 합니다.

뜻 연료로 쓰이는 검은 광물.

심화 한자 ③ 부수 火 | 총 9획

炭
숯 탄

'숯'이나 '석탄'이라는 뜻을 가진 한자예요. '山(메 산)'과 'ㄏ(기슭 엄)', '火(불 화)'자가 합쳐져서 불을 피워 나무를 태운 것이라는 데서 '숯'을 뜻해요.

炭	炭		
숯 탄	숯 탄		

쓰는 순서 ` 丷 屵 屵 岸 岸 炭 炭 炭

옥 상

屋	上
집 옥	윗 상

반짝이는 별을 보러 친구들과 함께 屋上(옥상)에 올라갔습니다.

뜻 마당처럼 편평하게 만든 지붕 위.

심화 한자 ④ 부수 尸 | 총 9획

屋
집 옥

'집'이나 '주거 공간'이라는 뜻을 가진 한자예요. 사람을 나타내는 '尸(주검 시)'와 '至(이를 지)'가 합쳐져서 사람이 이르러 머물 수 있는 '집'을 뜻해요.

屋	屋		
집 옥	집 옥		

쓰는 순서 ㄱ ㄱ �尸 尸 屌 屌 屋 屋 屋

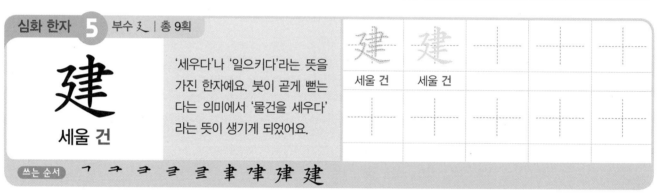

교과 학습 한자어 | 05 |

중 건

重	建
무거울 중	세울 건

💬 전쟁 중 화재로 불타버린 왕궁을 重建(중건)하였습니다.

뜻 절이나 왕궁 따위를 보수하거나 고쳐 지음.

심화 한자 5 부수 廴 | 총 9획

建
세울 건

'세우다'나 '일으키다'라는 뜻을 가진 한자예요. 붓이 곧게 뻗는 다는 의미에서 '물건을 세우다' 라는 뜻이 생기게 되었어요.

建	建			
세울 건	세울 건			

쓰는 순서 ㄱ ㅋ ㅋ ㅋ ㅋ 聿 圭 聿 建 建

---

1 다음 설명 에 해당하는 한자어를 찾아 ◯표 하세요.

설명

가문이나 신분상으로 특권을 가진 계층.

民族

貴族

▶정답 18쪽

2 다음 한자어의 뜻에 해당하는 것을 찾아 ∨표 하세요.

□ 하루 일과를 마치고 선생님과 학생이 한자리에 모여 나누는 인사.

□ 절이나 왕궁 따위를 보수하거나 고쳐 지음.

3 다음 낱말 퍼즐을 푸세요.

세로 열쇠
❶ 연료로 쓰이는 검은 광물.

가로 열쇠
❷ 마당처럼 편평하게 만든 지붕 위.

4 다음 뜻에 해당하는 한자어를 찾아 선으로 이으세요.

절이나 왕궁 따위를 보수하거나 고쳐 지음.

메모

메모

기초 학습능력 강화 교재

연산이 즐거워지는 공부습관

똑똑한 하루

빅터연산

기초부터 튼튼하게

수학의 기초는 연산!
빅터가 쉽고 재미있게 알려주는 연산 원리와
집중 연산을 통해 연산 해결 능력 강화

게임보다 재미있다

지루하고 힘든 연산은 NO!
수수께끼, 연상퀴즈, 실생활 문제로
쉽고 재미있는 연산 YES!

더! 풍부한 학습량

수·연산 문제를 충분히 담은 풍부한 학습량
교재 표지의 QR을 통해 모바일 학습 제공
교과와 연계되어 학기용 교재로도 OK

초등 연산의 빅데이터!
기초 탄탄 연산서
예비초~초2(각 A~D)
초3~6(각 A~B)

뭘 좋아할지 몰라 다 준비했어♥
전과목 교재

전과목 시리즈 교재

●무등생 해법시리즈
– 국어/수학	1~6학년, 학기용
– 사회/과학	3~6학년, 학기용
– 봄·여름/가을·겨울	1~2학년, 학기용
– SET(전과목/국수, 국사과)	1~6학년, 학기용

●똑똑한 하루 시리즈
– 똑똑한 하루 독해	예비초~6학년, 총 14권
– 똑똑한 하루 글쓰기	예비초~6학년, 총 14권
– 똑똑한 하루 어휘	예비초~6학년, 총 14권
– 똑똑한 하루 한자	예비초~6학년, 총 14권
– 똑똑한 하루 수학	1~6학년, 학기용
– 똑똑한 하루 계산	예비초~6학년, 총 14권
– 똑똑한 하루 도형	예비초~6학년, 총 8권
– 똑똑한 하루 사고력	1~6학년, 학기용
– 똑똑한 하루 사회/과학	3~6학년, 학기용
– 똑똑한 하루 봄/여름/가을/겨울	1~2학년, 총 8권
– 똑똑한 하루 안전	1~2학년, 총 2권
– 똑똑한 하루 Voca	3~6학년, 학기용
– 똑똑한 하루 Reading	초3~초6, 학기용
– 똑똑한 하루 Grammar	초3~초6, 학기용
– 똑똑한 하루 Phonics	예비초~초등, 총 8권

●독해가 힘이다 시리즈
– 초등 문해력 독해가 힘이다 비문학편	3~6학년
– 초등 수학도 독해가 힘이다	1~6학년, 학기용
– 초등 문해력 독해가 힘이다 문장제수학편	1~6학년, 총 12권

영어 교재

●초등영어 교과서 시리즈
파닉스(1~4단계)	3~6학년, 학년용
영단어(1~4단계)	3~6학년, 학년용

●LOOK BOOK 영단어
	3~6학년, 단행본

●원서 읽는 LOOK BOOK 영단어
	3~6학년, 단행본

국가수준 시험 대비 교재

●해법 기초학력 진단평가 문제집
	2~6학년·중1 신입생, 총 6권

급수 한자 필수 학습!
탄탄하게 다져투자!

한자
전략

급수 한자

5단계 A

6급 ①

정답과 부록

 천재교육

모르는 문제는
확실하게
알고 가자!

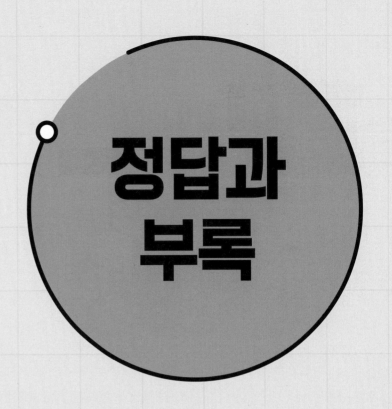

정답과 부록

5단계 A 6급 ①

정답

전편  1주 04일

급수 한자 돌파 전략 ❶ 한자 기초 확인 13, 15쪽

1

2

아침 조 · 夜

· 朝 — 밤 야

3

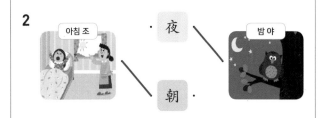

4

급수 한자 돌파 전략 ❷ 16~17쪽

1

夕 —— 저녁 ╳ 조

朝 —— 아침 ╳ 석

2

⟨夜⟩ 畫 　 今 ⟨古⟩

3

畫 ①　古 ③　今 ②

4

昨　□ 조　☑ 작　□ 석

5

그녀는 예나 지금이나 활발합니다.

답: 古

6

나타날 현　□ 今　☑ 現

아침 조　☑ 朝　□ 夕

급수 한자 **돌파 전략 ❶** 한자 기초 확인　19, 21 쪽

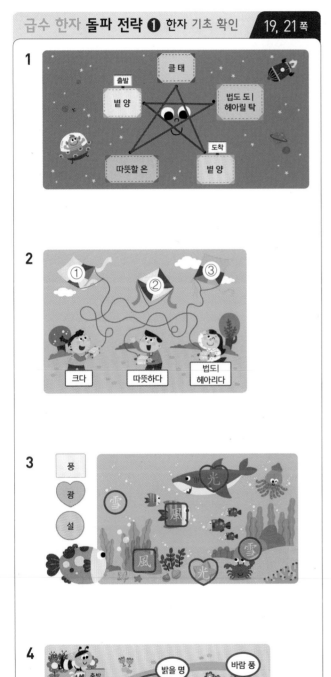

급수 한자 **돌파 전략 ❷**　22~23 쪽

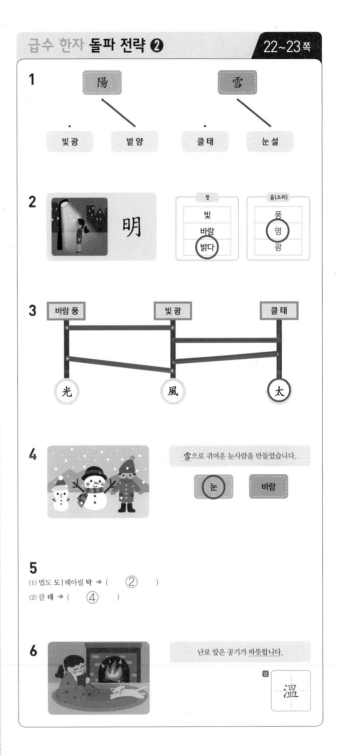

1주 03일

급수 한자어 대표 전략 ❷ 28~29쪽

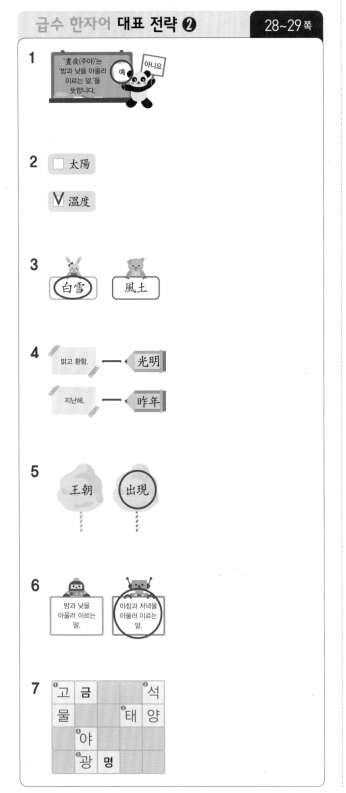

1 '晝夜(주야)'는 '밤과 낮을 아울러 이르는 말.'을 뜻합니다. 예 / 아니요

2 □ 太陽
   ✔ 溫度

3 白雪   風土

4 밝고 환함. — 光明
   지난해. — 昨年

5 王朝   出現

6 밤과 낮을 아울러 이르는 말.   아침과 저녁을 아울러 이르는 말.

7
¹고	금		²석
물		³태	양
	⁴야		
	⁵광	명	

1주 04일

급수 시험 체크 전략 ❶ 30~33쪽

필수 예제 01
(1) 태양   (2) 백설   (3) 주야   (4) 왕조

필수 예제 02
(1) 밝을 명   (3) 빛 광
(2) 이제 금   (4) 법도 도|헤아릴 탁

필수 예제 03
(1) ②   (2) ③   (3) ①   (4) ④

필수 예제 04
(1) ④   (2) ①   (3) ③   (4) ②

급수 시험 체크 전략 ❷ 34~35쪽

1 작년   5 ②
2 왕조   6 ①
3 법도 도, 헤아릴 탁   7 ④
4 눈 설   8 ②

누구나 만점 전략 36~37쪽

01 度   明   06 夜光   出現
02 바람 풍   07 ②
03 온도   08 ②
04 ①   09 ③
05 ③   10 ③

창의·융합·코딩 전략 ❶ 38~39쪽

1 태양

2 (온도가 낮아진다, 온도가 높아진다)

창의·융합·코딩 전략 ❷ 40~43쪽

1
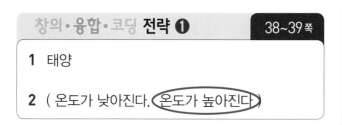

2, 1, 2				
0, 5				
2, 1, 2				
1, 3, 1				
1, 1, 1, 1, 1				
1, 3, 1				

● 한자의 뜻 → (예(옛))
● 한자의 음(소리) → (고)

2
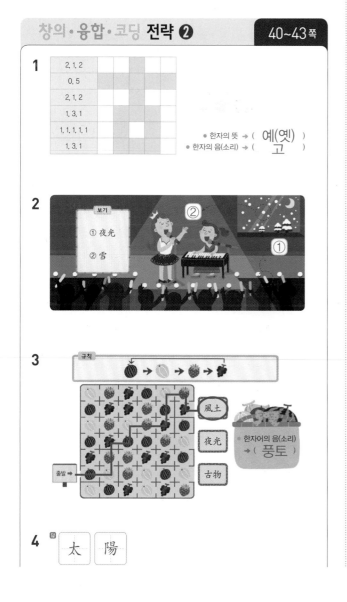

3

규칙

한자어의 음(소리) → (풍토)

4 太 陽

5 ④

6

7

8

2주 04일

급수 한자 돌파 전략 ❶ 한자 기초 확인 | 47, 49쪽

1

綠　黃　黃
黃　黃　綠
綠　黃　綠

2

銀
色　綠
黃

3

線　直
선　직　직　선

4

♥♥ 아이스크림
공구　모양 형　줄 선
球　形　直

급수 한자 돌파 전략 ❷ | 50~51쪽

1

色　直
빛 색　은은　줄 선　곧을 직

2

'黃'의 뜻과 음(소리)은 '누를 황'입니다. 예

'形'의 뜻과 음(소리)은 '줄 선'입니다. 아니요

3

선　☑ 線　□ 綠

록　□ 銀　☑ 綠

4

은으로 반지를 만들었습니다.

銀　黃

5
(1) 모양 형 ➜ (　②　)
(2) 푸를 록 ➜ (　③　)

6

球
공구

線
줄 선

2주 02일

급수 한자 돌파 전략 ❶ 한자 기초 확인 53, 55쪽

급수 한자 돌파 전략 ❷ 56~57쪽

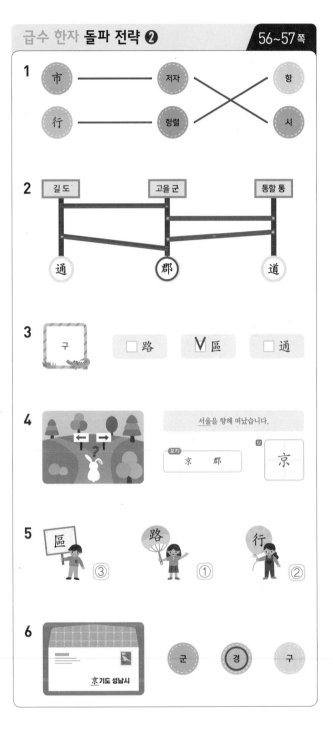

급수 한자어 대표 전략 ❷ | 62~63쪽

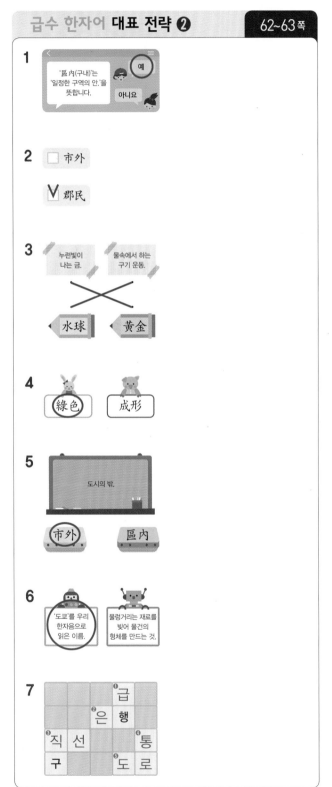

1
'區內(구내)'는 '일정한 구역의 안.'을 뜻합니다.
예
아니요

2 □ 市外
V 郡民

3
누런빛이 나는 금.   물속에서 하는 구기 운동.
◀ 水球   ◀ 黃金

4
(綠色)   成形

5
도시의 밖.
(市外)   區內

6
'도로'를 우리 한자음으로 읽은 이름.   물렁거리는 재료를 빚어 물건의 형체를 만드는 것.

7
			①급	
	②은	행		
③직	선		④통	
구			⑤도	로

급수 시험 체크 전략 ❶ | 64~67쪽

필수 예제 01
(1) 통로　　(2) 직선　　(3) 은행　　(4) 수구

필수 예제 02
(1) 서울 경　　　　(3) 은 은
(2) 고을 군　　　　(4) 푸를 록

필수 예제 03
(1) ①　　(2) ④　　(3) ③　　(4) ②

필수 예제 04
(1) ①　　(2) ③　　(3) ④　　(4) ③

급수 시험 체크 전략 ❷ | 68~69쪽

1 황금　　　　5 ②

2 도로　　　　6 ④

3 통할 통　　　7 ①

4 ②　　　　　8 ②

누구나 만점 전략 | 70~71쪽

01 (綠)　線　　06 (直球)　直線

02 은 은　　　07 ①

03 수구　　　08 ③

04 ①　　　　09 ②

05 ②　　　　10 다닐 행, 항렬 항

창의·융합·코딩 **전략 ❶** | 72~73쪽

1 (1) 道路의 음(소리) → (**도로**) (2) 綠色의 음(소리) → (**녹색**)

2 황색

창의·융합·코딩 **전략 ❷** | 74~77쪽

1

3, 1, 3						
0, 7						
3, 1, 3						
1, 5, 1						
1, 1, 1, 1, 1, 1, 1						
1, 1, 1, 1, 1, 1, 1						
3, 1, 3						
3, 1, 3						

• 한자의 뜻
→ (**저자**)
• 한자의 음(소리)
→ (**시**)

2

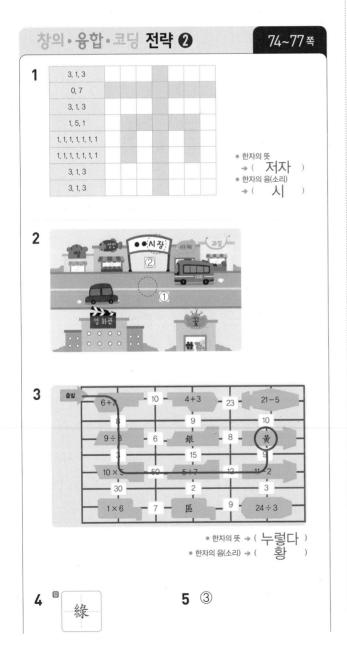

3

• 한자의 뜻 → (**누렇다**)
• 한자의 음(소리) → (**황**)

4 ［답］ 綠

5 ③

6

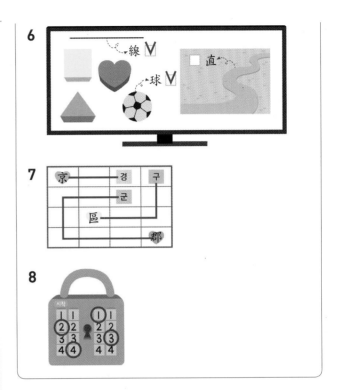

7

京	→	경		구
		군		
		區		
				郡

8

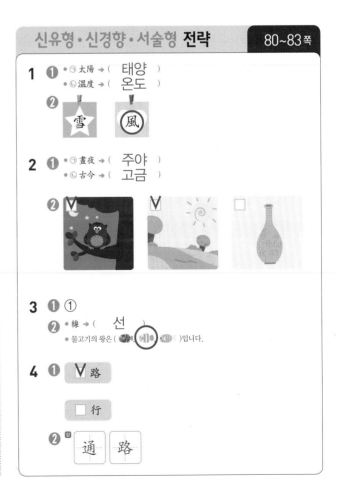

신유형·신경향·서술형 **전략** | 80~83쪽

1 ❶ • ㉠ 太陽 → (태양)
• ㉡ 溫度 → (온도)
❷ 雪 風

2 ❶ • ㉠ 晝夜 → (주야)
• ㉡ 古今 → (고금)
❷

3 ❶ ①
❷ • 線 → (선)
• 물고기의 왕은 (상어 (고등어) 잉어)입니다.

4 ❶ ☑ 路
□ 行
❷ 通 路

적중 예상 전략 1회 | 84~87쪽

01 주야	09 ②
02 온도	10 ④
03 클 태	11 ③
04 나타날 현	12 ②
05 ②	13 正門
06 ①	14 先生
07 ③	15 ②
08 ④	16 ③

적중 예상 전략 2회 | 88~91쪽

01 통로	09 ②
02 황금	10 ①
03 은은	11 ③
04 줄 선	12 ④
05 ①	13 兄弟
06 ③	14 花草
07 ④	15 ③
08 ②	16 ②

교과 학습 한자어 전략 | 95쪽

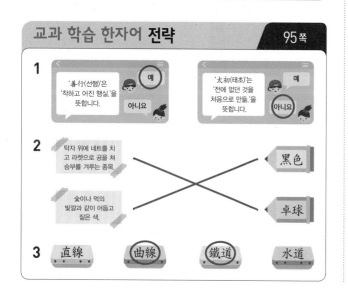

후편

급수 한자 돌파 전략 ❶ 한자 기초 확인 | 11, 13쪽

1

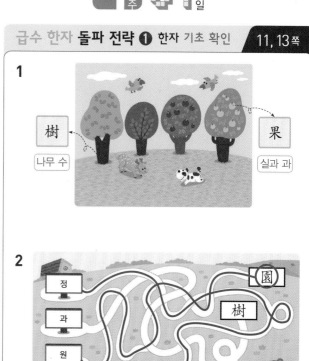

2

3

4

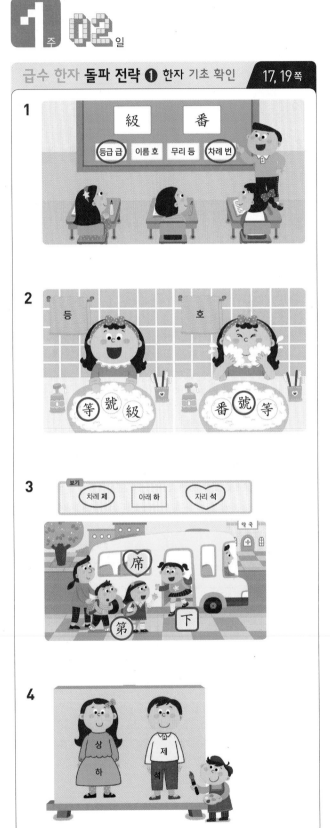

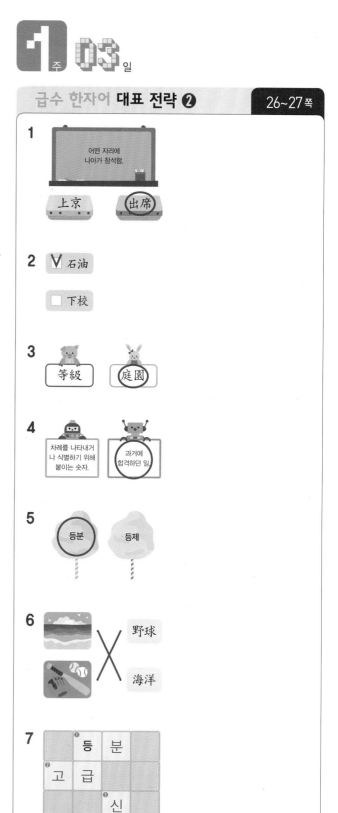

급수 시험 체크 전략 ❶
28~31쪽

필수 예제 01
(1) 정원　　(2) 야구　　(3) 해양　　(4) 신호

필수 예제 02
(1) 동산 원　　　　　(3) 실과 과
(2) 차례 번　　　　　(4) 차례 제

필수 예제 03
(1) ④　　(2) ②　　(3) ③　　(4) ①

필수 예제 04
(1) ②　　(2) ③　　(3) ①　　(4) ④

급수 시험 체크 전략 ❷
32~33쪽

1 과수원　　　　　**5** ④

2 번호　　　　　　**6** ②

3 실과 과　　　　**7** ②

4 ③　　　　　　　**8** ①

누구나 만점 전략
34~35쪽

01 (1) 큰바다 양　　　06 ②
　　(2) 등급 급

　　　　　　　　　　07 정원

02 ③

08
아래 하

04

09 ①

10 油 ⑰洋

05 上 京

창의·융합·코딩 전략 ❶
36~37쪽

1 신호

2　　　신호 정원 하교 번호 ⑳등분

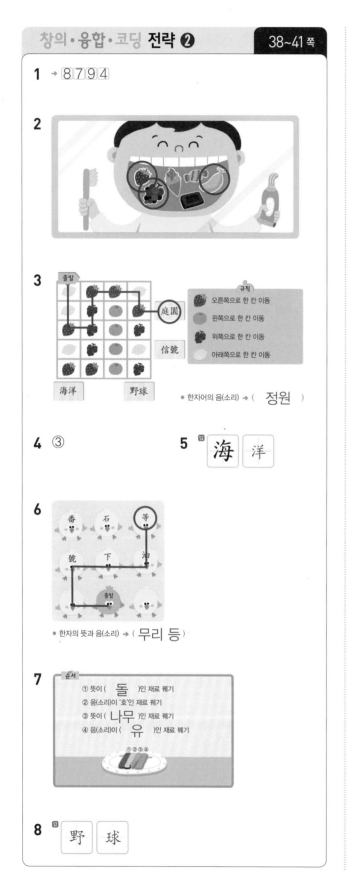

창의·융합·코딩 전략 ❷   38~41쪽

1 → 8 7 9 4

2

3

규칙
🍓 오른쪽으로 한 칸 이동
🫐 왼쪽으로 한 칸 이동
🍇 위쪽으로 한 칸 이동
🍎 아래쪽으로 한 칸 이동

庭園
信號
海洋　野球

● 한자어의 음(소리) → (정원)

4 ③

5 海 洋

6
番　石　等
號　下　油
출발

● 한자의 뜻과 음(소리) → (무리 등)

7
순서
① 뜻이 (돌)인 재료 꿰기
② 음(소리)이 '호'인 재료 꿰기
③ 뜻이 (나무)인 재료 꿰기
④ 음(소리)이 (유)인 재료 꿰기
①②③④

8 野 球

급수 한자 돌파 전략 ❶ 한자 기초 확인   45, 47쪽

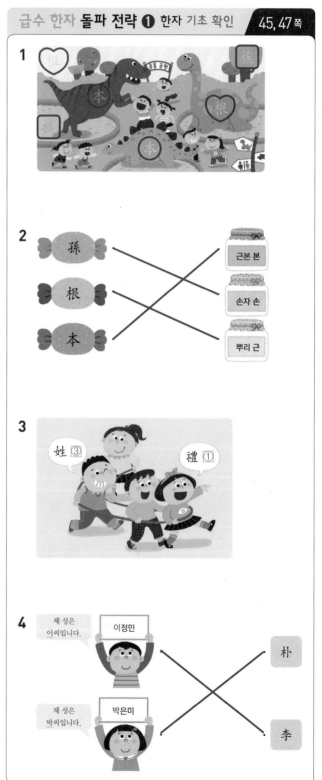

1

2
孫 ―― 손자 손
根 ―― 뿌리 근
本 ―― 근본 본
(근본 본, 손자 손, 뿌리 근)

3
姓 ③　　禮 ①

4
제 성은 이씨입니다. 이정민 ―― 李
제 성은 박씨입니다. 박은미 ―― 朴
朴
李

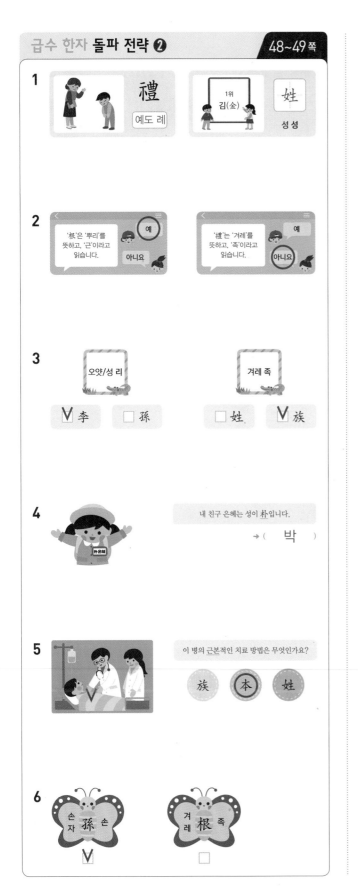

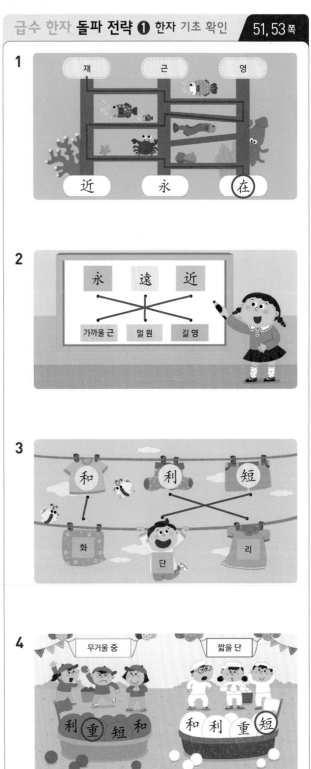

정답

정답

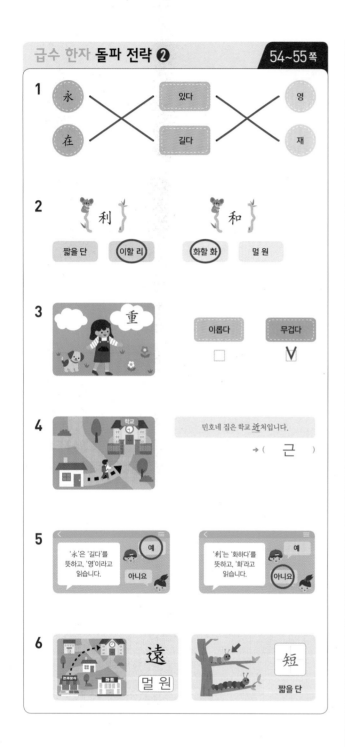

급수 한자어 대표 전략 ❷ 60~61쪽

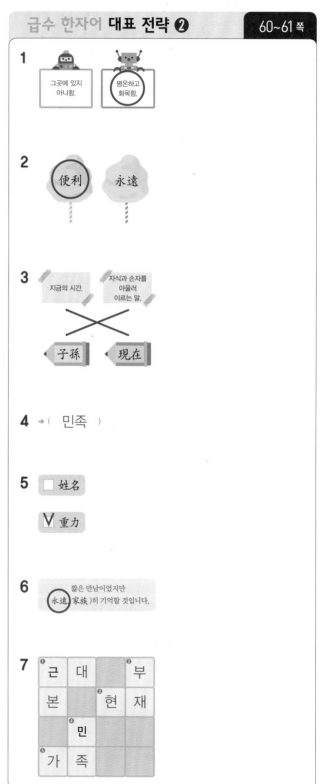

4 → (민족)

7 크로스워드: 근대 / 부본 / 현재 / 민 / 가족

16 한자 전략

창의·융합·코딩 전략 ❶ 70~71쪽

1 달의 중력은 지구 중력의 $\frac{1}{6}$ 이기 때문에

2 家 族

창의·융합·코딩 전략 ❷ 72~75쪽

1 ● 한자의 음(소리)
→ (례)

2

3 ● 한자어의 음(소리) → (영원)

4 ● 한자의 뜻 → (뿌리)
● 한자의 음(소리) → (근)

5 ● 한자어의 음(소리) → (근본)

6 ④

7

8 ④

②주 04일

급수 시험 체크 전략 ❶ 62~65쪽

필수 예제 01
(1) 중력　(2) 영원　(3) 민족　(4) 현재

필수 예제 02
(1) 성(씨) 박　　　(3) 예도 례
(2) 손자 손　　　(4) 근본 본

필수 예제 03
(1) ②　(2) ③　(3) ①　(4) ④

필수 예제 04
(1) ③　(2) ①　(3) ②　(4) ④

급수 시험 체크 전략 ❷ 66~67쪽

1 가족　　　**5** ②
2 평화　　　**6** ②
3 오얏/성 리　**7** ③
4 ④　　　**8** ②

누구나 만점 전략 68~69쪽

01 ①　　07 根本 重力
02 ③
03 무거울 중　08 ③
04 본인　09 부 재
05 ②　10 ②
06

신유형·신경향·서술형 전략 78~81쪽

1 ❶ • 石 → (돌 석)
• 果 → (실과 과)
❷ 樹 油

2 ❶ • ㉠等級 → (등급)
• ㉡番號 → (번호)
❷ ✓ (의자) □ (화살표) □ (7번 선수)

3 ❶ 根 本
❷ • 族의 음(소리) → (족)
• 우리는 강인함과 끈기를 갖고 독립 투쟁을 한 민 족 입니다.

4 ❶ • 엄마: 우리 동네는 교통이 편 ① 해요.
• 우주: 맞아요. 학원 갈 때 버스를 이용하면 편 ① 해요.
• 아빠: 하지만 출퇴근 시간대에는 신 ② 에 자주 걸려요.
❷ 便 利

적중 예상 전략 2회 86~89쪽

01 본인	09 ④
02 성명	10 ①
03 손자 손	11 ③
04 뿌리 근	12 ②
05 ①	13 文學
06 ④	14 國語
07 ③	15 ①
08 ②	16 ②

적중 예상 전략 1회 82~85쪽

01 과수원	09 ④
02 등급	10 ③
03 이름 호	11 ①
04 기름 유	12 ③
05 ①	13 校歌
06 ③	14 千字文
07 ②	15 ②
08 ④	16 ①

교과 학습 한자어 전략 92~93쪽

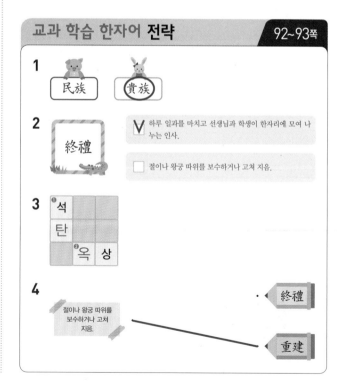

1 民族 貴族

2 ✓ 終禮 하루 일과를 마치고 선생님과 학생이 한자리에 모여 나누는 인사.
□ 절이나 왕궁 따위를 보수하거나 고쳐 지음.

3 ❶석 탄 ❷옥 상

4 절이나 왕궁 따위를 보수하거나 고쳐 지음. · 終禮
重建

家 집 가 부수 宀 | 총 10획	、 ン ニ 宀 宀 宁 宇 家 家 家 家 家
歌 노래 가 부수 欠 | 총 14획	一 厂 丆 可 可 可 哥 哥 哥 哥 歌 歌 歌 歌 歌
各 각각 각 부수 口 | 총 6획	丿 ク ク 久 各 各 各 各
角 뿔 각 부수 角 | 총 7획	丿 ク ク 介 角 角 角 角 角
間 사이 간 부수 門 | 총 12획	丨 冂 冂 冂 冃 冃 門 門 門 門 間 間 間 間
感 느낄 감 부수 心 | 총 13획	丿 厂 厂 厂 后 咸 咸 咸 咸 感 感 感 感 感
強 강할 강 부수 弓 | 총 11획	一 丨 弓 弘 弘 弘 弜 弜 強 強 強 強 強
江 강 강 부수 水(氵) | 총 6획	、 冫 氵 氵 汀 江 江 江 江

| 開 | 열 개
부수 門 \| 총 12획 | l | ｆ | ｆ | ｆ | ｆ | 門 | 門 | 門 | 門 | 門 | 開 | 開 |
| 開 | 開 | | | | | | | | | | | |

| 車 | 수레 거
수레 차
부수 車 \| 총 7획 | 一 | ｆ | 戸 | 百 | 百 | 亘 | 車 |
| 車 | 車 | | | | | | | |

| 京 | 서울 경
부수 亠 \| 총 8획 | 丶 | 一 | 亠 | 古 | 古 | 亨 | 京 | 京 |
| 京 | 京 | | | | | | | |

| 計 | 셀 계
부수 言 \| 총 9획 | 丶 | 一 | 三 | 言 | 言 | 言 | 言 | 計 |
| 計 | 計 | | | | | | | |

| 界 | 지경 계
부수 田 \| 총 9획 | l | 口 | 曰 | 田 | 田 | 罘 | 思 | 界 | 界 |
| 界 | 界 | | | | | | | |

| 高 | 높을 고
부수 高 \| 총 10획 | 丶 | 一 | 亠 | 古 | 古 | 户 | 高 | 高 | 高 | 高 |
| 高 | 高 | | | | | | | | |

| 苦 | 쓸 고
부수 艸(艹) \| 총 9획 | 一 | 十 | 卄 | 艹 | 芢 | 苎 | 芐 | 苦 | 苦 |
| 苦 | 苦 | | | | | | | |

| 古 | 예 고
부수 口 \| 총 5획 | 一 | 十 | 十 | 古 | 古 |
| 古 | 古 | | | | | |

| 功 공 공 부수 力 \| 총 5획 | 一 丁 工 巧 功 |
| 功 功 |
| 公 공평할 공 부수 八 \| 총 4획 | 丿 八 公 公 |
| 公 公 |
| 空 빌 공 부수 穴 \| 총 8획 | 丶 丶 宀 宀 灾 空 空 空 |
| 空 空 |
| 工 장인 공 부수 工 \| 총 3획 | 一 丁 工 |
| 工 工 |
| 共 한가지 공 부수 八 \| 총 6획 | 一 十 卄 丱 共 共 |
| 共 共 |
| 科 과목 과 부수 禾 \| 총 9획 | 丿 二 千 禾 禾 禾 禾 科 科 |
| 科 科 |
| 果 실과 과 부수 木 \| 총 8획 | 丶 口 口 曰 旦 里 果 果 |
| 果 果 |
| 光 빛 광 부수 儿 \| 총 6획 | 丶 丶 丷 业 半 光 |
| 光 光 |

| 交 | 사귈 교 | 、 一 亠 六 亣 交 |
| | 부수 亠 \| 총 6획 | 交 交 |

| 教 | 가르칠 교 | ノ メ 乂 爻 爻 爻 孝 孝 孝 斈 教 |
| | 부수 攴(攵) \| 총 11획 | 教 教 |

| 校 | 학교 교 | 一 十 才 木 木 朾 朽 杼 栌 校 |
| | 부수 木 \| 총 10획 | 校 校 |

| 球 | 공 구 | 一 二 Ŧ Ŧ 王 玎 玎 玎 玎 球 球 |
| | 부수 玉(王) \| 총 11획 | 球 球 |

| 區 | 구분할/지경 구 | 一 匸 匚 匚 됸 匠 區 區 區 區 區 |
| | 부수 匸 \| 총 11획 | 區 區 |

| 九 | 아홉 구 | ノ 九 |
| | 부수 乙(乚) \| 총 2획 | 九 九 |

| 口 | 입 구 | 丨 冂 口 |
| | 부수 口 \| 총 3획 | 口 口 |

| 國 | 나라 국 | 丨 冂 冂 冃 冃 同 同 或 國 國 國 |
| | 부수 囗 \| 총 11획 | 國 國 |

郡 고을 군 부수 邑(阝) | 총 10획	ㄱ ㄱ ㅋ 尹 尹 君 君 郡 郡 郡
軍 군사 군 부수 車 | 총 9획	' ㄇ ㄇ ㄇ ㄕ 匂 冐 宣 軍
根 뿌리 근 부수 木 | 총 10획	一 十 才 木 杧 杧 杞 根 根 根
近 가까울 근 부수 辵(辶) | 총 8획	' ㄏ ㄈ 斤 斤 近 近 近
今 이제 금 부수 人 | 총 4획	ノ 人 스 今
金 쇠 금 성 김 부수 金 | 총 8획	ノ 人 스 스 今 全 金 金
急 급할 급 부수 心 | 총 9획	ノ ㄅ ㄅ 弖 弖 亀 急 急 急
級 등급 급 부수 糸(糸) | 총 10획	ㄴ ㄠ ㄠ 幺 糸 糸 糺 紉 級 級

旗	기 기	부수 方 | 총 14획	`丶` `亠` `方` `方` `方` `扩` `芦` `斿` `斿` `旆` `旗` `旗`

記	기록할 기	부수 言 | 총 10획	`丶` `二` `二` `言` `言` `言` `記` `記` `記`

氣	기운 기	부수 气 | 총 10획	`丿` `丿` `气` `气` `气` `氜` `氣` `氣` `氣`

男	사내 남	부수 田 | 총 7획	`丶` `口` `日` `田` `田` `男` `男`

南	남녘 남	부수 十 | 총 9획	`一` `十` `冂` `内` `内` `肉` `肉` `南` `南`

内	안 내	부수 入 | 총 4획	`丨` `冂` `内` `内`

女	여자 녀	부수 女 | 총 3획	`く` `女` `女`

年	해 년	부수 干 | 총 6획	`丿` `丿` `仁` `仨` `年` `年`

農 농사 농 부수 辰 | 총 13획	丶 口 曰 曲 曲 曲 严 严 严 農 農 農
	農 農

多 많을 다 부수 夕 | 총 6획	丿 ク タ 多 多 多
	多 多

短 짧을 단 부수 矢 | 총 12획	丿 丿 仁 午 矢 矢 矢 矢 知 知 短 短
	短 短

答 대답 답 부수 竹(⺮) | 총 12획	丿 丿 仁 竹 竹 竹 竻 竺 笨 笒 答 答
	答 答

堂 집 당 부수 土 | 총 11획	丶 丷 丷 丷 丷 丷 常 峃 堂 堂 堂
	堂 堂

代 대신할 대 부수 人(亻) | 총 5획	丿 亻 仁 代 代
	代 代

對 대할 대 부수 寸 | 총 14획	丶 丷 丷 丷 业 业 业 业 並 竝 業 對 對
	對 對

待 기다릴 대 부수 彳 | 총 9획	丶 夕 彳 彳 行 往 往 待 待
	待 待

大 큰 대 부수 大 | 총 3획	一 ナ 大 大 大
圖 그림 도 부수 囗 | 총 14획	丨 冂 冂 冂 冏 冏 冏 圀 圇 圖 圖 圖 圖 圖 圖 圖
道 길 도 부수 辵(辶) | 총 13획	丶 丷 丷 丷 丷 艹 首 首 首 首 道 道 道 道 道
度 법도 도 | 헤아릴 탁 부수 广 | 총 9획	丶 亠 广 广 庐 庐 度 庹 度 度 度
讀 읽을 독 | 구절 두 부수 言 | 총 22획	丶 亠 亠 言 言 言 言 言 言 言 請 請 請 請 請 請 請 請 請 讀 讀 讀 讀
冬 겨울 동 부수 冫(冫) | 총 5획	丿 夂 夂 冬 冬 冬 冬
洞 골 동 | 밝을 통 부수 水(氵) | 총 9획	丶 丶 氵 氵 汩 洞 洞 洞 洞 洞 洞
東 동녘 동 부수 木 | 총 8획	一 厂 厃 戸 百 申 東 東 東 東

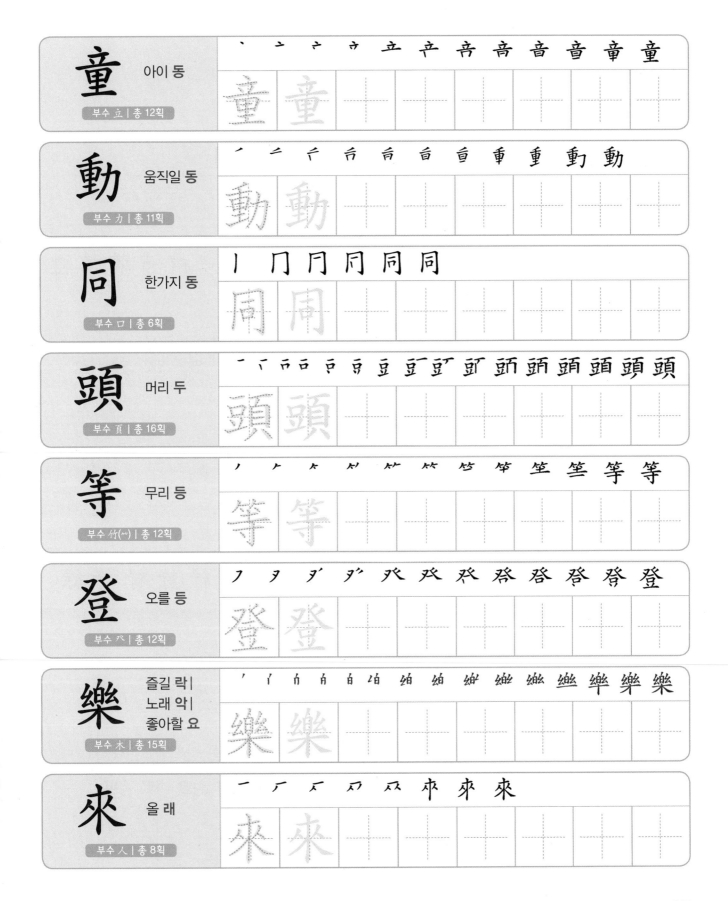

| 童 | 아이 동 | 부수 立 \| 총 12획 | `` ` `` | 丶 | 亠 | 立 | 产 | 音 | 音 | 音 | 音 | 童 | 童 |

| 動 | 움직일 동 | 부수 力 \| 총 11획 | 一 | 亡 | 亡 | 台 | 台 | 盲 | 盲 | 重 | 重 | 動 | 動 |

| 同 | 한가지 동 | 부수 口 \| 총 6획 | 丨 | 冂 | 冂 | 同 | 同 | 同 |

| 頭 | 머리 두 | 부수 頁 \| 총 16획 | 一 | 亠 | 豆 | 豆 | 豆 | 豆 | 豆 | 豆 | 頭 | 頭 | 頭 | 頭 | 頭 | 頭 |

| 等 | 무리 등 | 부수 竹(⺮) \| 총 12획 | 丿 | 𠂉 | 𠂉 | 竹 | 竹 | 竹 | 竹 | 竺 | 笙 | 笙 | 等 | 等 |

| 登 | 오를 등 | 부수 癶 \| 총 12획 | 丆 | 歹 | 歹 | 癶 | 癶 | 癶 | 癶 | 癶 | 咎 | 咎 | 咎 | 登 |

| 樂 | 즐길 락\|노래 악\|좋아할 요 | 부수 木 \| 총 15획 | 丿 | 白 | 白 | 白 | 白 | 白 | 幻 | 幻 | 樂 | 樂 | 樂 | 樂 | 樂 | 樂 |

| 來 | 올 래 | 부수 人 \| 총 8획 | 一 | 厂 | 𣎳 | 杰 | 來 | 來 | 來 | 來 |

力 힘 력 부수 力 | 총 2획	フ 力
	力 力

例 법식 례 부수 人(亻) | 총 8획	ノ 亻 亻 仴 伢 伢 例 例
	例 例

禮 예도 례 부수 示 | 총 18획	一 二 亍 示 示 和 和 祠 神 禮 禮 禮 禮 禮 禮
	禮 禮

路 길 로 부수 足 | 총 13획	丶 ㅣ ㅁ ㅁ 早 早 昆 足 趵 趵 政 路 路
	路 路

老 늙을 로 부수 老 | 총 6획	一 十 土 耂 老 老
	老 老

綠 푸를 록 부수 糸(糸) | 총 14획	乙 乡 乡 乡 乡 糸 糸 約 約 紵 紵 綧 綠 綠
	綠 綠

六 여섯 륙 부수 八 | 총 4획	丶 一 亠 六
	六 六

理 다스릴 리 부수 玉(王) | 총 11획	一 二 三 干 王 玕 玒 玾 玾 理 理
	理 理

| 里 | 마을 리 | `丶` `冂` `曱` `日` `旦` `甲` `里` |
| 부수 里 \| 총 7획 | | 里 里 |

| 李 | 오얏/성 리 | `一` `十` `才` `木` `本` `李` `李` |
| 부수 木 \| 총 7획 | | 李 李 |

| 利 | 이할 리 | `丶` `二` `千` `禾` `禾` `利` `利` |
| 부수 刀(刂) \| 총 7획 | | 利 利 |

| 林 | 수풀 림 | `一` `十` `才` `木` `木` `材` `材` `林` |
| 부수 木 \| 총 8획 | | 林 林 |

| 立 | 설 립 | `丶` `二` `六` `产` `立` |
| 부수 立 \| 총 5획 | | 立 立 |

| 萬 | 일만 만 | `一` `十` `艹` `艹` `莒` `苩` `苩` `苩` `莒` `萬` `萬` `萬` |
| 부수 艸(艹) \| 총 13획 | | 萬 萬 |

| 每 | 매양 매 | `丿` `仁` `仁` `毎` `每` `每` `每` |
| 부수 母 \| 총 7획 | | 每 每 |

| 面 | 낯 면 | `一` `一` `丆` `丙` `而` `而` `面` `面` |
| 부수 面 \| 총 9획 | | 面 面 |

| 命 목숨 명
부수 口 \| 총 8획 | ノ 人 人 人 合 合 命 命 |
| | 命 命 |

| 明 밝을 명
부수 日 \| 총 8획 | l 冂 日 日 日 明 明 明 |
| | 明 明 |

| 名 이름 명
부수 口 \| 총 6획 | ノ ク タ タ 名 名 |
| | 名 名 |

| 母 어머니 모
부수 母 \| 총 5획 | ㄴ 뮤 母 母 母 |
| | 母 母 |

| 目 눈 목
부수 目 \| 총 5획 | l 冂 目 目 目 |
| | 目 目 |

| 木 나무 목
부수 木 \| 총 4획 | 一 十 才 木 |
| | 木 木 |

| 文 글월 문
부수 文 \| 총 4획 | ` 一 亠 文 |
| | 文 文 |

| 聞 들을 문
부수 耳 \| 총 14획 | l l l l l l l l l l l l l l l l l l l l l l l l l l l l 聞 |
| | 聞 聞 |

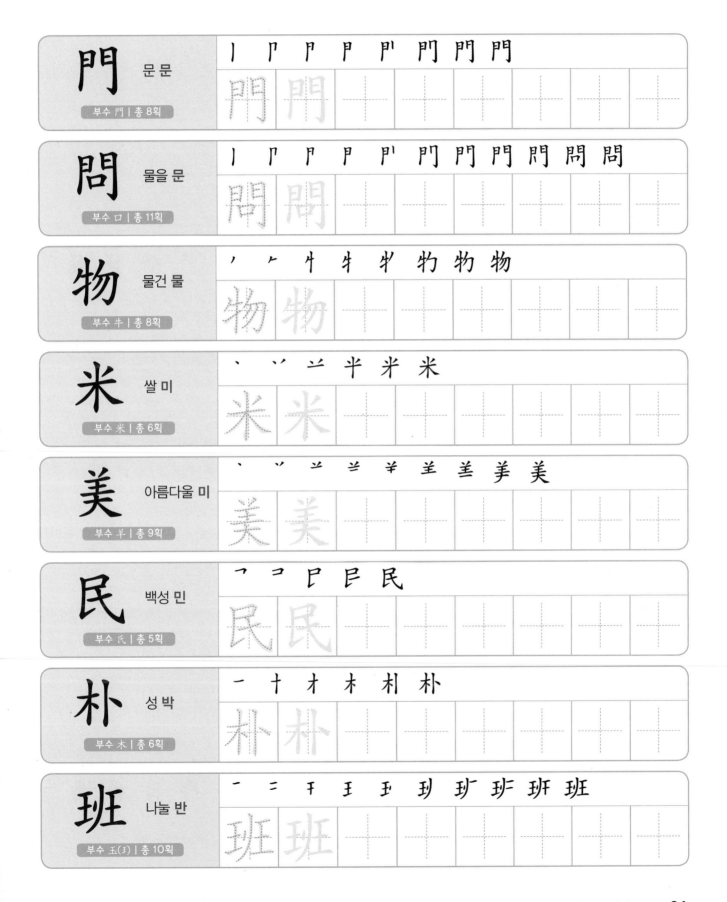

門	문 문 부수 門 | 총 8획	丨 冂 冃 冐 冃 門 門 門
問	물을 문 부수 口 | 총 11획	丨 冂 冃 冐 冃 門 門 問 問 問 問
物	물건 물 부수 牛 | 총 8획	丿 ﾉ 牛 牛 牛 物 物 物
米	쌀 미 부수 米 | 총 6획	丶 丷 半 米 米
美	아름다울 미 부수 羊 | 총 9획	丶 丷 丷 半 羊 羊 美
民	백성 민 부수 民 | 총 5획	フ コ 尸 尸 民
朴	성 박 부수 木 | 총 6획	一 十 才 木 朴 朴
班	나눌 반 부수 玉(王) | 총 10획	一 二 干 王 玉 珂 珅 班 班

| 反 | 돌이킬/ 돌아올 반 | ´ ㄏ 万 反 |
| | 부수 又 \| 총 4획 | 反 反 |

| 半 | 반 반 | ´ ´ ㅑ ㅛ 半 |
| | 부수 十 \| 총 5획 | 半 半 |

| 發 | 필 발 | ㄱ ㄱ �尹 癶 癶 癶 發 發 發 發 發 |
| | 부수 癶 \| 총 12획 | 發 發 |

| 放 | 놓을 방 | ` ㄴ ㅎ 方 方 放 放 放 |
| | 부수 攵(攴) \| 총 8획 | 放 放 |

| 方 | 모 방 | ` ㄴ ㅎ 方 |
| | 부수 方 \| 총 4획 | 方 方 |

| 百 | 일백 백 | ㄧ ㄱ �尹 丆 百 百 |
| | 부수 白 \| 총 6획 | 百 百 |

| 白 | 흰 백 | ´ ´ ㄅ 白 白 |
| | 부수 白 \| 총 5획 | 白 白 |

| 番 | 차례 번 | ㄧ ㄴ ㄅ ㅁ 곱 采 采 采 番 番 番 番 |
| | 부수 田 \| 총 12획 | 番 番 |

| 別 다를/나눌 별 부수 刀(刂) \| 총 7획 | 丶 口 口 马 另 別 別 |
| 別 別 | |

| 病 병 병 부수 疒 \| 총 10획 | 丶 丶 宀 广 广 疒 疒 病 病 病 |
| 病 病 | |

| 服 옷 복 부수 月 \| 총 8획 | 丿 刀 月 月 且 服 服 服 |
| 服 服 | |

| 本 근본 본 부수 木 \| 총 5획 | 一 十 才 木 本 |
| 本 本 | |

| 部 떼 부 부수 邑(阝) \| 총 11획 | 丶 亠 立 产 音 音 部 部 部 |
| 部 部 | |

| 夫 지아비 부 부수 大 \| 총 4획 | 一 二 丰 夫 |
| 夫 夫 | |

| 父 아버지 부 부수 父 \| 총 4획 | 丶 八 分 父 |
| 父 父 | |

| 北 북녘 북 \| 달아날 배 부수 匕 \| 총 5획 | 丨 亅 킈 北 北 |
| 北 北 | |

分 나눌 분 부수 刀 | 총 4획	ノ 八 分 分 分 分
不 아닐 불 부수 不 | 총 4획	一 ブ 不 不 不 不
四 넉 사 부수 囗 | 총 5획	丨 冂 卯 四 四 四 四
社 모일 사 부수 示 | 총 8획	一 亍 示 示 社 社 社 社
事 일 사 부수 亅 | 총 8획	一 亍 亍 写 写 事 事 事
死 죽을 사 부수 歹 | 총 6획	一 厂 歹 歹 死 死 死 死
使 하여금/ 부릴 사 부수 人(亻) | 총 8획	ノ 亻 亻 仁 佢 使 使 使 使
算 셈 산 부수 竹(⺮) | 총 14획	ノ 竹 笪 笪 筲 算 算 算 算

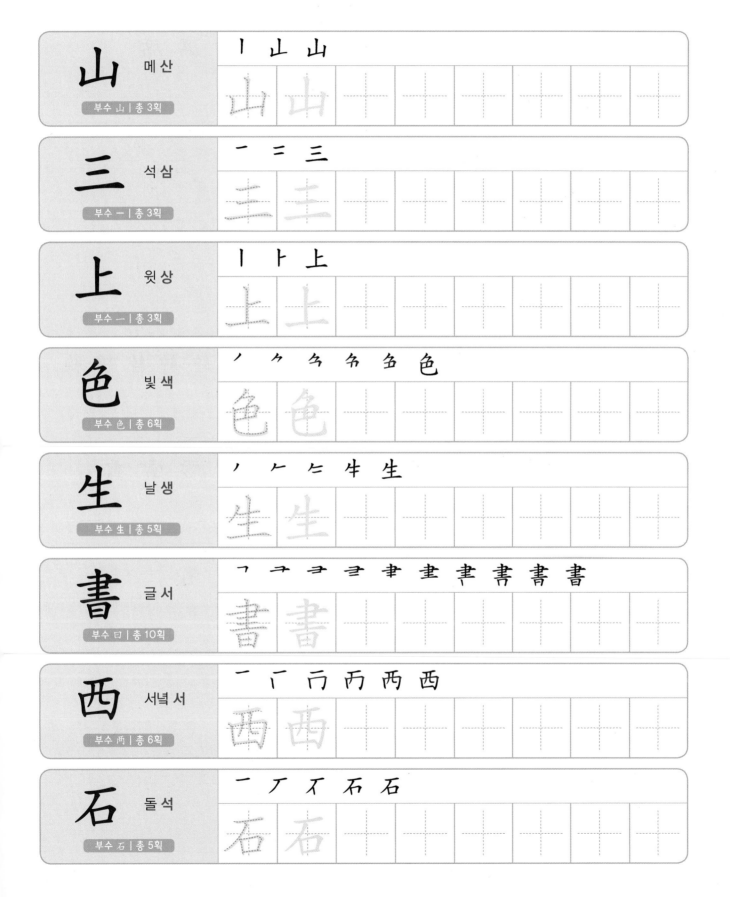

山 메 산 부수 山	총 3획	Ｉ 山 山
三 석 삼 부수 一	총 3획	一 二 三
上 윗 상 부수 一	총 3획	Ｉ 卜 上
色 빛 색 부수 色	총 6획	ノ ク ⺈ ⼎ 刍 色
生 날 생 부수 生	총 5획	ノ ⺅ ⺊ 牛 生
書 글 서 부수 曰	총 10획	フ ⺊ ⺢ ⺢ 彐 聿 聿 書 書 書
西 서녘 서 부수 襾	총 6획	一 ⺌ ⺮ 两 两 西
石 돌 석 부수 石	총 5획	一 ⼕ 丆 石 石

席 자리 석 부수 巾 | 총 10획	丶 亠 广 广 户 庐 庐 庐 庶 席 席
夕 저녁 석 부수 夕 | 총 3획	丿 夕 夕
先 먼저 선 부수 儿 | 총 6획	丿 丿 丄 生 牛 先
線 줄 선 부수 糸(糸) | 총 15획	丶 丝 幺 幺 糸 糸 糸 紅 約 約 紀 綿 綿 線 線
雪 눈 설 부수 雨 | 총 11획	一 厂 戶 币 币 兩 雨 雪 雪 雪 雪
省 살필 성 | 덜 생 부수 目 | 총 9획	丶 小 小 少 少 省 省 省 省
姓 성 성 부수 女 | 총 8획	乚 夂 女 女 女 奵 姓 姓
成 이룰 성 부수 戈 | 총 7획	丿 厂 F 万 成 成 成

世 인간 세 부수 一 | 총 5획	一 十 世 世 世
	世 世

所 바 소 부수 戶 | 총 8획	ノ ᄀ ᄅ 戶 戶 所 所 所
	所 所

消 사라질 소 부수 水(氵) | 총 10획	丶 冫 氵 氵 浐 浐 浐 消 消 消
	消 消

小 작을 소 부수 小 | 총 3획	亅 小 小
	小 小

少 적을 소 부수 小 | 총 4획	亅 小 小 少
	少 少

速 빠를 속 부수 辵(辶) | 총 11획	一 ᄀ ᄆ 申 東 束 涑 涑 速
	速 速

孫 손자 손 부수 子 | 총 10획	ᄀ 了 子 孑 孕 孫 孫 孫 孫
	孫 孫

樹 나무 수 부수 木 | 총 16획	一 十 才 才 木 杧 桂 桂 桂 桂 桂 桂 桂 桂 樹 樹
	樹 樹

| 手 손 수
부수 手 \| 총 4획 | 一 二 三 手 |
| | 手 手 |

| 數 셈 수
부수 攵(攴) \| 총 15획 | 丶 口 吊 吊 吊 串 串 曲 婁 婁 婁 數 數 數 數 |
| | 數 數 |

| 水 물 수
부수 水 \| 총 4획 | 丿 기 水 水 |
| | 水 水 |

| 術 재주 술
부수 行 \| 총 11획 | 丶 彳 彳 彳 行 行 徘 術 術 術 術 |
| | 術 術 |

| 習 익힐 습
부수 羽 \| 총 11획 | 丁 丑 丑 刃丁 丑丑 丑丑 丑丑 羽 羿 習 習 |
| | 習 習 |

| 勝 이길 승
부수 力 \| 총 12획 | 丿 刀 月 月 月 肝 肝 胖 胖 朕 勝 勝 |
| | 勝 勝 |

| 時 때 시
부수 日 \| 총 10획 | 丨 冂 日 日 日 旷 旷 旹 時 時 |
| | 時 時 |

| 始 비로소 시
부수 女 \| 총 8획 | 乚 女 女 女 如 好 始 始 |
| | 始 始 |

市	저자 시	부수 巾 | 총 5획
食	밥/먹을 식	부수 食 | 총 9획
式	법 식	부수 弋 | 총 6획
植	심을 식	부수 木 | 총 12획
神	귀신 신	부수 示 | 총 10획
身	몸 신	부수 身 | 총 7획
信	믿을 신	부수 人(亻) | 총 9획
新	새 신	부수 斤 | 총 13획

| 失 잃을 실 부수 大 \| 총 5획 | ノ ナ 二 失 失 失 失 | | | | | | | | |

| 室 집 실 부수 宀 \| 총 9획 | 丶 丷 宀 宀 宊 宊 宊 室 室 室 室 | | | | | | | | |

| 心 마음 심 부수 心 \| 총 4획 | ノ 心 心 心 心 心 | | | | | | | | |

| 十 열 십 부수 十 \| 총 2획 | 一 十 十 十 | | | | | | | | |

| 安 편안 안 부수 宀 \| 총 6획 | 丶 丷 宀 灾 安 安 安 安 | | | | | | | | |

| 愛 사랑 애 부수 心 \| 총 13획 | ノ 丷 丷 丷 丷 丷 丷 丷 愛 愛 愛 愛 愛 愛 愛 | | | | | | | | |

| 夜 밤 야 부수 夕 \| 총 8획 | 丶 一 广 广 疒 夜 夜 夜 夜 夜 | | | | | | | | |

| 野 들 야 부수 里 \| 총 11획 | 丨 口 日 日 旦 甲 里 野 野 野 野 野 | | | | | | | | |

| 藥 약 약 부수 艸(艹) \| 총 19획 | 一 十 十 艹 艹 艹 芍 苩 苩 苩 苗 苗 苺 蔬 蕐 藥 藥 藥 | 藥 藥 | | | | | | |

藥 약 약 부수 艸(艹) | 총 19획
一 十 十 艹 艹 艹 芍 苩 苩 苩 苗 苗 苺 蔬 蕐 藥 藥 藥
藥 藥

弱 약할 약 부수 弓 | 총 10획
⁊ ⁊ 弓 弓 弜 弜 弜 弱 弱 弱
弱 弱

陽 볕 양 부수 阜(阝) | 총 12획
⁊ ⁊ 阝 阝 阝 阴 阳 阳 阳 陽 陽 陽
陽 陽

洋 큰바다 양 부수 水(氵) | 총 9획
丶 丶 氵 氵 沪 沪 洋 洋 洋
洋 洋

語 말씀 어 부수 言 | 총 14획
丶 二 主 言 言 言 言 訁 訂 評 評 語 語 語
語 語

言 말씀 언 부수 言 | 총 7획
丶 二 二 言 言 言 言
言 言

業 업 업 부수 木 | 총 13획
丶 丷 丷 业 业 业 丵 丵 芈 芈 業 業 業
業 業

然 그럴 연 부수 火(灬) | 총 12획
ノ ク ク 夕 夕 夕 夕 쌌 쌌 쌌 然 然
然 然

| 永 길 영 | ` 亅 亓 永 永 | | | | | | | | |
| 부수 水 \| 총 5획 | 永 | 永 | | | | | | | | |

| 英 꽃부리 영 | 一 十 艹 艹 苹 苎 苎 英 英 | | | | | | | | |
| 부수 艸(艹) \| 총 9획 | 英 | 英 | | | | | | | | |

| 午 낮 오 | ノ ㇀ ニ 午 | | | | | | | | |
| 부수 十 \| 총 4획 | 午 | 午 | | | | | | | | |

| 五 다섯 오 | 一 丁 五 五 | | | | | | | | |
| 부수 二 \| 총 4획 | 五 | 五 | | | | | | | | |

| 溫 따뜻할 온 | `  ` 氵 氵 沪 沪 沪 泅 泅 溫 溫 溫 | | | | | | | | |
| 부수 水(氵) \| 총 13획 | 溫 | 溫 | | | | | | | | |

| 王 임금 왕 | 一 二 千 王 | | | | | | | | |
| 부수 玉(王) \| 총 4획 | 王 | 王 | | | | | | | | |

| 外 바깥 외 | ノ ク 夕 列 外 | | | | | | | | |
| 부수 夕 \| 총 5획 | 外 | 外 | | | | | | | | |

| 勇 날랠 용 | フ マ マ 丹 丹 甬 甬 勇 勇 | | | | | | | | |
| 부수 力 \| 총 9획 | 勇 | 勇 | | | | | | | | |

用 쓸 용	㇒ 刀 月 月 用								
부수 用 | 총 5획	用 用								

右 오를/ 오른(쪽) 우	㇒ ナ オ 右 右								
부수 口 | 총 5획	右 右								

運 옮길 운	㇐ ㇒ ㇒ ㇇ 肙 肙 肙 冟 軍 軍 渾 渾 運											
부수 辵(辶) | 총 13획	運 運								

園 동산 원	㇐ 冂 冂 門 門 門 周 周 冑 冑 園 園 園											
부수 口 | 총 13획	園 園								

遠 멀 원	㇐ 十 土 士 吉 吉 表 表 表 袁 袁 遠 遠 遠												
부수 辵(辶) | 총 14획	遠 遠								

月 달 월	㇒ 刀 月 月								
부수 月 | 총 4획	月 月								

油 기름 유	㇑ ㇑ ㇒ 氵 汀 汩 油 油								
부수 水(氵) | 총 8획	油 油								

由 말미암을 유	㇑ 冂 日 由 由								
부수 田 | 총 5획	由 由								

有 있을 유 부수 月 | 총 6획	ノ ナ ナ 有 有 有 有 有
育 기를 육 부수 肉(月) | 총 8획	丶 一 云 云 产 育 育 育 育 育
銀 은은 부수 金 | 총 14획	ノ ノ レ レ 牟 牟 余 金 釕 釕 釕 釤 鈬 銀 銀 銀
飮 마실 음 부수 食(飠) | 총 13획	ノ ノ レ 今 今 舎 自 自 自 負 飮 飮 飮 飮 飮
音 소리 음 부수 音 | 총 9획	丶 一 二 ㅜ 立 产 产 音 音 音 音
邑 고을 읍 부수 邑 | 총 7획	丶 ア ロ ロ 号 号 邑 邑 邑 邑
意 뜻 의 부수 心 | 총 13획	丶 一 二 二 亠 立 产 音 音 音 意 意 意 意 意
衣 옷 의 부수 衣 | 총 6획	丶 一 二 ナ 衣 衣 衣 衣 衣

醫	의원 의 부수 酉 | 총 18획	一 丆 匚 医 医 医 医 医 医 殴 殴 殴 醫 醫 醫 醫 醫									
		醫	醫								

二	두 이 부수 二 | 총 2획	一 二									
		二	二								

人	사람 인 부수 人 | 총 2획	丿 人									
		人	人								

一	한 일 부수 一 | 총 1획	一									
		一	一								

日	날 일 부수 日 | 총 4획	丨 冂 円 日									
		日	日								

入	들 입 부수 入 | 총 2획	丿 入									
		入	入								

字	글자 자 부수 子 | 총 6획	丶 丷 宀 宁 字 字									
		字	字								

者	사람 자 부수 老(耂) | 총 9획	一 + 土 耂 耂 者 者 者 者									
		者	者								

| 自 | 스스로 자 | ′ | ′ | ′ | 自 | 自 | 自 | | | |
| 부수 自 \| 총 6획 | | 自 | 自 | | | | | | | |

| 子 | 아들 자 | ′ | 了 | 子 | | | | | | |
| 부수 子 \| 총 3획 | | 子 | 子 | | | | | | | |

| 昨 | 어제 작 | ı | 口 | 月 | 日 | 日 | 昨 | 昨 | 昨 | 昨 |
| 부수 日 \| 총 9획 | | 昨 | 昨 | | | | | | | |

| 作 | 지을 작 | ′ | ′ | 仁 | 仁 | 竹 | 作 | 作 | | |
| 부수 人(亻) \| 총 7획 | | 作 | 作 | | | | | | | |

| 章 | 글 장 | ′ | 亠 | 亠 | 立 | 产 | 音 | 音 | 音 | 音 | 章 |
| 부수 立 \| 총 11획 | | 章 | 章 | | | | | | | |

| 長 | 긴 장 | ı | 「 | F | F | 토 | 長 | 長 | 長 | |
| 부수 長 \| 총 8획 | | 長 | 長 | | | | | | | |

| 場 | 마당 장 | 一 | 十 | 土 | 圹 | 坥 | 坥 | 坦 | 垮 | 場 | 場 | 場 |
| 부수 土 \| 총 12획 | | 場 | 場 | | | | | | | |

| 在 | 있을 재 | 一 | 厂 | オ | 在 | 在 | 在 | | | |
| 부수 土 \| 총 6획 | | 在 | 在 | | | | | | | |

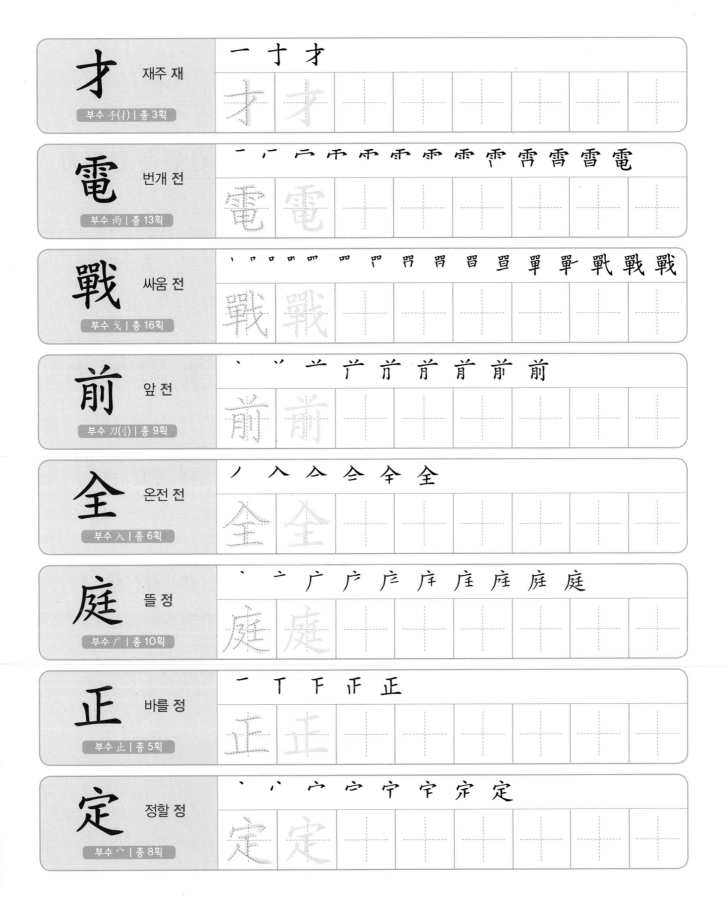

才 재주 재
부수 手(扌) | 총 3획
一 寸 才

電 번개 전
부수 雨 | 총 13획
一 一 广 戸 币 币 币 币 雷 雷 雷 雷 電

戰 싸움 전
부수 戈 | 총 16획
丶 口 口 ㅁㅁ ㅁㅁ 罒 罒 罒 罜 罜 單 單 戰 戰 戰

前 앞 전
부수 刀(刂) | 총 9획
丶 丷 丷 广 广 前 前 前 前

全 온전 전
부수 入 | 총 6획
丿 入 人 合 全 全

庭 뜰 정
부수 广 | 총 10획
丶 一 广 广 广 庄 庄 庄 庭 庭

正 바를 정
부수 止 | 총 5획
一 丁 下 正 正

定 정할 정
부수 宀 | 총 8획
丶 丷 宀 宀 宀 宇 定 定

弟 아우 제 부수 弓 | 총 7획	` ヽ ヽ ⺌ ⺌ 弟 弟 弟 弟 弟
題 제목 제 부수 頁 | 총 18획	丨 冂 冃 日 旦 早 甲 昪 是 是 是 匙 題 題 題 題 題 題 題 題
第 차례 제 부수 竹(⺮) | 총 11획	ノ � ⺮ ⺮ ⺮ ⺮ 竻 竻 竻 第 第 第 第
朝 아침 조 부수 月 | 총 12획	一 十 古 古 古 古 直 卓 朝 朝 朝 朝 朝 朝
祖 할아버지 조 부수 示 | 총 10획	一 二 亍 亍 示 礻 礽 祖 祖 祖 祖 祖
族 겨레 족 부수 方 | 총 4획	` ヽ 亠 方 方 方 扩 扩 族 族 族 族
足 발 족 부수 足 | 총 7획	丶 口 口 甲 甲 甼 足 足 足
左 왼 좌 부수 工 | 총 5획	一 ナ 左 左 左 左 左

		ㄱ	ㄱ	ㅋ	콕	聿	書	書	書	畫	畫
畫 낮 주 부수 日 | 총 11획											

		ㆍ	ㆍ	ㆍ	氵	汁	汁	注	注		
注 부을 주 부수 水(氵) | 총 8획											

		ㆍ	ㆍ	二	主	主					
主 임금/주인 주 부수 ㆍ | 총 5획											

		ノ	イ	イ	伫	住	住	住			
住 살 주 부수 人(亻) | 총 7획											

		ㆍ	ㆍ	口	口	中					
中 가운데 중 부수 ㅣ | 총 4획											

		ノ	二	千	台	台	白	盲	重	重	
重 무거울 중 부수 里 | 총 9획											

		一	十	土	圤	圤	地				
地 땅 지 부수 土 | 총 6획											

		ㆍ	幺	幺	糸	糸	糸	糸	紅	紙	紙
紙 종이 지 부수 糸(糸) | 총 10획											

直 곧을 직 부수 目 | 총 8획	一 十 十 亩 亩 宜 直 直 直 直
集 모을 집 부수 隹 | 총 12획	ノ イ イ イ 乍 乍 佳 佳 隹 隼 集 集 集 集
窓 창 창 부수 穴 | 총 11획	﹅ ﹅ 宀 宀 灾 灾 空 空 窓 窓 窓 窓 窓
川 내 천 부수 巛 | 총 3획	ノ 川 川 川 川
千 일천 천 부수 十 | 총 3획	ノ ニ 千 千 千
天 하늘 천 부수 大 | 총 4획	一 二 天 天 天 天
淸 맑을 청 부수 水(氵) | 총 11획	﹅ ﹅ 氵 汀 汁 浐 浐 浐 清 清 清 淸 淸
靑 푸를 청 부수 靑 | 총 8획	一 二 キ 圭 青 青 青 青 靑 靑

體 몸 체 부수 骨 | 총 23획	丨 冂 冃 冎 咼 咼 咼 骨 骨 骨 骨 骨 骨 體 體 體 體 體 體 體 體 體 體
	體 體

草 풀 초 부수 艸(草) | 총 10획	一 十 卄 节 芢 苧 苩 昔 草 草
	草 草

寸 마디 촌 부수 寸 | 총 3획	一 寸 寸
	寸 寸

村 마을 촌 부수 木 | 총 7획	一 十 オ 木 村 村 村
	村 村

秋 가을 추 부수 禾 | 총 9획	丿 二 千 禾 禾 禾 禾 秒 秋
	秋 秋

春 봄 춘 부수 日 | 총 9획	一 二 三 声 夫 表 春 春 春
	春 春

出 날 출 부수 凵 | 총 5획	丨 屮 中 出 出
	出 出

親 친할 친 부수 見 | 총 16획	丶 亠 立 立 辛 亲 亲 亲 親 親 親 親 親 親
	親 親

七 일곱 칠 부수 一 │ 총 2획	一 七								
	七	七							

太 클 태 부수 大 │ 총 4획	一 ナ 大 太								
	太	太							

土 흙 토 부수 土 │ 총 3획	一 十 土								
	土	土							

通 통할 통 부수 辵(辶) │ 총 11획	マ マ マ 予 予 肙 甬 涌 涌 通								
	通	通							

特 특별할 특 부수 牛 │ 총 10획	' ' ' 牛 牛 牛 牜 牦 特 特								
	特	特							

八 여덟 팔 부수 八 │ 총 2획	ノ 八								
	八	八							

便 편할 편│똥오줌 변 부수 人(亻) │ 총 9획	ノ 亻 亻 亻 㑶 佰 佰 便 便								
	便	便							

平 평평할 평 부수 干 │ 총 5획	一 ァ ハ 示 平								
	平	平							

表 겉 표 부수 衣 | 총 8획	一 二 # 主 夷 表 表 表 表 表
風 바람 풍 부수 風 | 총 9획	丿 几 尺 凡 凡 凮 風 風 風 風 風
下 아래 하 부수 一 | 총 3획	一 丁 下 下 下
夏 여름 하 부수 攵 | 총 10획	一 一 一 厂 百 百 百 頁 頁 夏 夏 夏
學 배울 학 부수 子 | 총 16획	' ' ' ' ' ' 臼 臼 臼 段 段 與 學 學 學 學 學
韓 한국/나라 한 부수 韋 | 총 17획	一 十 古 占 直 直 卓 卓 卓 卓 卓 韓 韓 韓 韓 韓 韓 韓 韓
漢 한수/ 한나라 한 부수 水(氵) | 총 14획	丶 丶 氵 氵 氵 沪 泸 泸 泸 漢 漢 漢 漢
合 합할 합 부수 口 | 총 6획	丿 人 스 合 合 合 合 合

| 海 | 바다 해 | ` ` ` ` ` ` 氵 氵 汇 汇 海 海 海 海 |
| 부수 水(氵) \| 총 10획 | 海 海 |

| 行 | 다닐 행 \| 항렬 항 | ` ` ` ` ` 彳 彳 行 行 |
| 부수 行 \| 총 6획 | 行 行 |

| 幸 | 다행 행 | 一 十 土 去 去 去 흐 幸 |
| 부수 干 \| 총 8획 | 幸 幸 |

| 向 | 향할 향 | ` ` ` 门 向 向 向 |
| 부수 口 \| 총 6획 | 向 向 |

| 現 | 나타날 현 | 一 二 干 王 王 玑 玑 玥 珇 玥 現 |
| 부수 玉(王) \| 총 11획 | 現 現 |

| 形 | 모양 형 | 一 二 干 开 开 形 形 |
| 부수 彡 \| 총 7획 | 形 形 |

| 兄 | 형 형 | ` ` 口 口 尸 兄 |
| 부수 儿 \| 총 5획 | 兄 兄 |

| 號 | 이름 호 | ` ` 口 口 므 号 号 号 号 号 號 號 號 |
| 부수 虍 \| 총 13획 | 號 號 |

畫 그림 화 그을 획 부수 田 | 총 12획	フ フ ヲ ヲ 聿 畫 書 書 書 畫 畫 畫 畫 畫							
花 꽃 화 부수 艸(⺿) | 총 8획	一 十 卄 艹 艹 花 花 花 花 花							
話 말씀 화 부수 言 | 총 13획	丶 亠 亠 言 言 言 言 計 計 訐 話 話 話 話							
火 불 화 부수 火 | 총 4획	丶 丷 少 火 火 火							
和 화할 화 부수 口 | 총 8획	丶 二 千 禾 禾 禾 和 和 和 和							
活 살 활 부수 水(氵) | 총 9획	丶 丶 氵 氵 汗 汗 活 活 活 活 活							
黃 누를 황 부수 黃 | 총 12획	一 十 卄 丗 丗 芇 苗 苗 黃 黃 黃 黃 黃							
會 모일 회 부수 曰 | 총 13획	ノ 人 人 合 合 合 侖 侖 侖 會 會 會 會 會							

孝 효도 효 부수 子 | 총 7획	一 十 土 耂 耂 考 孝 孝 孝
後 뒤 후 부수 彳 | 총 9획	ノ ク イ 彳 彳 狩 徔 徔 後 後 後
訓 가르칠 훈 부수 言 | 총 10획	丶 二 三 言 言 言 訂 訓 訓 訓 訓
休 쉴 휴 부수 人(亻) | 총 6획	ノ イ 亻 什 休 休 休 休

한자능력검정시험 6급 모의평가 문제지

6급

*** 6급과 6급Ⅱ는 서로 다른 급수입니다. 반드시 지원 급수를 다시 확인하세요. ***

| 90문항 | 50분 시험 | 시험일자 : 20○○. ○○. ○○ |

* 성명과 수험번호를 쓰고 문제지와 답안지는 함께 제출하세요.

성명_____ 수험번호 □□□-□□-□□□□

[問 1~33] 다음 밑줄 친 漢字語의 讀音을 쓰세요.

┌─────〈보기〉─────┐
│ 漢字 ➜ 한자 │
└───────────────┘

[1] 다락방에서 <u>表紙</u>가 바랜 책을 발견했습니다.

[2] 차에 기름이 다 떨어져 <u>注油</u>소로 향하는 길입니다.

[3] 그는 <u>作別</u> 인사를 하기 위해 급하게 뛰어왔습니다.

[4] 할아버지는 평소 <u>溫和</u>하시지만 화나시면 매우 무섭습니다.

[5] 배터리가 <u>放電</u>되지 않으려면 얼른 충전해야 합니다.

[6] 다음 주부터는 <u>夏服</u>을 입고 등교할 수 있습니다.

[7] 도심에 고라니가 <u>出現</u>하여 큰 화제가 되었습니다.

[8] 옷을 얇게 입어서 그런지 지독한 <u>感氣</u>에 걸렸습니다.

[9] 참새들이 <u>電線</u> 위에 앉아 있습니다.

[10] 과거의 잘못을 인정하고 <u>反省</u>해야 합니다.

[11] 이 영화는 <u>老弱</u>자나 임산부에게는 관람을 권장하지 않습니다.

[12] 일회용품의 <u>使用</u>을 자제해야 합니다.

[13] 친구가 거짓말을 하고 있다는 걸 <u>直感</u>으로 알 수 있었습니다.

[14] 너무 긴장한 나머지 <u>失手</u>를 연발하고 말았습니다.

[15] 가을은 <u>讀書</u>의 계절입니다.

[16] 이 <u>食堂</u>은 음식이 맛있기로 정평이 난 곳입니다.

[17] 오늘 <u>南部</u> 지방에는 첫눈이 내렸다고 합니다.

[18] <u>市立</u> 도서관에는 다양한 책이 있습니다.

[19] 그는 어릴 적부터 바둑 <u>神童</u>으로 유명했습니다.

[20] 수업 <u>始作</u>을 알리는 종소리가 들렸습니다.

[21] 친구에게 <u>問病</u>을 다녀왔습니다.

[22] 그 책의 <u>題目</u>은 독자의 호기심을 자극합니다.

[23] 금요일은 <u>開校</u>기념일이라 학교에 가지 않습니다.

[24] 학생의 <u>本分</u>을 잊지 않고 공부를 열심히 하겠습니다.

〈계속〉

자르는 선

[25] 산에 가면 <u>藥草</u>를 캐는 사람들을 볼 수 있습니다.

[26] 체력을 기르기 위해 <u>運動</u>을 시작했습니다.

[27] 주변이 시끄러워 <u>集中</u>하지 못했습니다.

[28] <u>記者</u>가 되는 것이 꿈입니다.

[29] 다양한 <u>分野</u>의 전문가들이 한자리에 모였습니다.

[30] 주말에 친구들과 <u>東海</u>에 다녀왔습니다.

[31] 공원에는 <u>消風</u> 나온 사람들로 가득 차 있었습니다.

[32] 바람이 많이 불면 <u>體感</u> 온도는 더 낮아집니다.

[33] 부엉이는 대표적인 <u>夜行</u>성 동물입니다.

[問 34~55] 다음 漢字의 訓과 音을 쓰세요.

─── 〈보기〉 ───
字 ➡ 글자 자

[34] 京

[35] 戰

[36] 業

[37] 英

[38] 衣

[39] 郡

[40] 班

[41] 育

[42] 行

[43] 習

[44] 頭

[45] 洞

[46] 方

[47] 旗

[48] 服

[49] 共

[50] 數

[51] 社

[52] 夫

[53] 農

[54] 淸

[55] 形

[問 56~75] 다음 밑줄 친 漢字語를 漢字로 쓰세요.

─── 〈보기〉 ───
한자 ➡ 漢字

[56] 이곳은 우리 동네의 관광 <u>명소</u>입니다.

〈계속〉

자르는 선

[57] 영화는 <u>오후</u> 네 시에 시작합니다.

[58] 방 안 <u>공기</u>가 탁해 창문을 열어 환기를 시켰습니다.

[59] 버스에서 <u>하차</u>하기 위해 벨을 눌렀습니다.

[60] <u>시장</u>에 가면 맛있는 먹거리가 잔뜩 있습니다.

[61] 친구에게 <u>전화</u>를 걸었는데 받지 않았습니다.

[62] <u>주인</u> 없는 우산만 나날이 늘어가고 있습니다.

[63] 지하철을 타고 <u>등교</u>하는 학생들도 꽤 많습니다.

[64] 해가 지자 <u>사방</u>이 어두워지기 시작했습니다.

[65] 이 문제의 <u>정답</u>은 선생님만 알고 있습니다.

[66] <u>금방</u>이라도 비가 내릴 것처럼 하늘이 우중충합니다.

[67] 신발이 너무 커서 걷기가 <u>불편</u>했습니다.

[68] 이번 <u>휴일</u>에는 산으로 단풍놀이를 갈 것입니다.

[69] <u>출구</u>는 반대편에 있습니다.

[70] 겨울이 되면 몇몇 <u>동물</u>들은 겨울잠에 듭니다.

[71] 아버지는 매주 친구들과 함께 <u>등산</u>을 가십니다.

[72] 상처가 없는 것을 확인하고서야 <u>안심</u>할 수 있었습니다.

[73] 그는 경기 종료 직전에 점수를 따내 <u>역전</u>승을 거뒀습니다.

[74] 할머니께서는 <u>간식</u>으로 고구마를 삶아 주셨습니다.

[75] 선생님의 은혜는 <u>평생</u> 잊지 못할 것입니다.

[問 76~78] 다음 漢字와 뜻이 반대(또는 상대)되는 漢字를 골라 그 번호를 쓰세요.

[76] 遠: ① 向　② 明　③ 近　④ 窓

[77] 弱: ① 用　② 強　③ 東　④ 紙

[78] 答: ① 自　② 利　③ 區　④ 問

[問 79~80] 다음 漢字와 뜻이 같거나 비슷한 漢字를 골라 그 번호를 쓰세요.

[79] 永: ① 淸　② 洋　③ 水　④ 長

[80] 晝: ① 午　② 書　③ 夜　④ 雪

〈계속〉

[問 81~83] 다음 성어의 (   ) 안에 알맞은 漢字를 〈보기〉에서 찾아 그 번호를 쓰세요.

<보기>
① 幸　② 春　③ 大　④ 草
⑤ 夏　⑥ 意　⑦ 時　⑧ 世

[81] 同(   )多發: 같은 시기에 여러 가지가 발생함.

[82] 四面(   )風: 누구에게나 좋게 대하는 일.

[83] 公明正(   ): 하는 일이나 행동이 아주 공정하고 떳떳함.

[問 84~85] 다음 중 소리(음)는 같으나 뜻(訓)이 다른 漢字를 골라 그 번호를 쓰세요.

[84] 動: ① 育　② 力　③ 冬　④ 勇

[85] 時: ① 始　② 入　③ 球　④ 成

[問 86~87] 다음 뜻에 맞는 漢字語를 〈보기〉에서 찾아 그 번호를 쓰세요.

<보기>
① 理由　② 光線　③ 角度
④ 合計　⑤ 親分　⑥ 對等

[86] 한데 합하여 계산함.

[87] 빛의 줄기.

[問 88~90] 다음 漢字의 짙게 표시한 획은 몇 번째 쓰는 획인지 〈보기〉에서 골라 그 번호를 쓰세요.

<보기>
① 첫 번째　② 두 번째
③ 세 번째　④ 네 번째
⑤ 다섯 번째　⑥ 여섯 번째
⑦ 일곱 번째　⑧ 여덟 번째
⑨ 아홉 번째　⑩ 열 번째
⑪ 열한 번째　⑫ 열두 번째
⑬ 열세 번째　⑭ 열네 번째

[88]

[89]

[90]

♣수고하셨습니다.

〈끝〉

수험번호 ☐☐☐-☐☐-☐☐☐☐　　성명 ☐☐☐☐☐

생년월일 ☐☐☐☐☐☐

※ 유성 사인펜, 붉은색 필기구 사용 불가.

※ 답안지는 컴퓨터로 처리되므로 구기거나 더럽히지 마시고, 정답 칸 안에만 쓰십시오. 글씨가 채점란으로 들어오면 오답 처리가 됩니다.

한자능력검정시험 6급 모의평가 답안지(1)

번호	정답	1검	2검	번호	정답	1검	2검	번호	정답	1검	2검
1				15				29			
2				16				30			
3				17				31			
4				18				32			
5				19				33			
6				20				34			
7				21				35			
8				22				36			
9				23				37			
10				24				38			
11				25				39			
12				26				40			
13				27				41			
14				28				42			

감독위원	채점위원(1)		채점위원(2)		채점위원(3)	
(서명)	(득점)	(서명)	(득점)	(서명)	(득점)	(서명)

※ 뒷면으로 이어짐

자르는 선

※ 본 답안지는 컴퓨터로 처리되므로 구겨지거나 더럽혀지지 않도록 조심하시고 글씨를 칸 안에 또박또박 쓰십시오.

한자능력검정시험 6급 모의평가 답안지(2)

답안란		채점란		답안란		채점란		답안란		채점란	
번호	정답	1검	2검	번호	정답	1검	2검	번호	정답	1검	2검
43				59				75			
44				60				76			
45				61				77			
46				62				78			
47				63				79			
48				64				80			
49				65				81			
50				66				82			
51				67				83			
52				68				84			
53				69				85			
54				70				86			
55				71				87			
56				72				88			
57				73				89			
58				74				90			

◀ 자르는 선

[한자능력검정시험 6급 모의평가 정답]

수험번호 ☐☐☐-☐☐-☐☐☐☐   성명 ☐☐☐☐☐

생년월일 ☐☐☐☐☐☐

※ 유성 사인펜, 붉은색 필기구 사용 불가.
※ 답안지는 컴퓨터로 처리되므로 구기거나 더럽히지 마시고, 정답 칸 안에만 쓰십시오. 글씨가 채점란으로 들어오면 오답 처리가 됩니다.

한자능력검정시험 6급 모의평가 답안지(1)

번호	정답	1검	2검	번호	정답	1검	2검	번호	정답	1검	2검
1	표지			15	독서			29	분야		
2	주유			16	식당			30	동해		
3	작별			17	남부			31	소풍		
4	온화			18	시립			32	체감		
5	방전			19	신동			33	야행		
6	하복			20	시작			34	서울 경		
7	출현			21	문병			35	싸움 전		
8	감기			22	제목			36	업 업		
9	전선			23	개교			37	꽃부리 영		
10	반성			24	본분			38	옷 의		
11	노약			25	약초			39	고을 군		
12	사용			26	운동			40	나눌 반		
13	직감			27	집중			41	기를 육		
14	실수			28	기자			42	다닐 행 | 항렬 항		

감독위원	채점위원(1)		채점위원(2)		채점위원(3)	
(서명)	(득점)	(서명)	(득점)	(서명)	(득점)	(서명)

자르는 선

※ 본 답안지는 컴퓨터로 처리되므로 구겨지거나 더럽혀지지 않도록 조심하시고 글씨를 칸 안에 또박또박 쓰십시오.

한자능력검정시험 6급 모의평가 답안지(2)

번호	정답	1검	2검	번호	정답	1검	2검	번호	정답	1검	2검
43	익힐 습			59	下車			75	平生		
44	머리 두			60	市場			76	③ 近		
45	골 동|밝을 통			61	電話			77	② 強		
46	모 방			62	主人			78	④ 問		
47	기 기			63	登校			79	④ 長		
48	옷 복			64	四方			80	① 午		
49	한가지 공			65	正答			81	⑦ 時		
50	셈 수			66	今方			82	② 春		
51	모일 사			67	不便			83	③ 大		
52	지아비 부			68	休日			84	③ 冬		
53	농사 농			69	出口			85	① 始		
54	맑을 청			70	動物			86	④ 合計		
55	모양 형			71	登山			87	② 光線		
56	名所			72	安心			88	⑤		
57	午後			73	直前			89	⑭		
58	空氣			74	間食			90	⑨		

문제 읽을 준비는 저절로 되지 않습니다.

문해력을 키우는 시간

하루 10분

똑똑한 하루 국어 시리즈

문제풀이의 핵심, 문해력을 키우는 승부수

예비초~초6 각 A·B
교재별 14권

예비초 A·B, 초1~초6: 1A~4C
총 14권

정답은
이안에
있어!